Dietmar von der Pfordten

Suche nach Einsicht

Über Aufgabe und Wert der Philosophie

Meiner

Im Digitaldruck »on demand« hergestelltes, inhaltlich mit der ursprünglichen Ausgabe identisches Exemplar. Wir bitten um Verständnis für unvermeidliche Abweichungen in der Ausstattung, die der Einzelfertigung geschuldet sind. Weitere Informationen unter: www.meiner.de/bod

Bibliographische Information der Deutschen Nationalbibliothek

Die Deutsche Nationalbibliothek verzeichnet diese Publikation in der Deutschen Nationalbibliographie; detaillierte bibliographische Daten sind im Internet über ‹http://portal.dnb.de› abrufbar.
ISBN 978-3-7873-2125-4
ISBN eBook: 978-3-7873-1988-6

Inhalt

Vorwort

Die Philosophie begegnet heute vielfältigen Zweifeln. Zwar sah sie sich zu allen Zeiten Einwänden ausgesetzt. Diese Einwände haben sich aber nunmehr zu einer allgemeinen Skepsis verdichtet. Die meisten Menschen erwarten, abgesehen von wenigen Teilgebieten wie der angewandten Ethik, von der Philosophie keine Antworten mehr auf ihre grundlegenden Fragen nach der Welt und dem Sinn des Lebens. Vergleichbar zweifelnd reagieren die anderen Wissenschaften.

Die Fachphilosophie hat sich – hierin liegt eine Mitursache für diese allgemeine Skepsis – zunehmend eigene, also rein innerphilosophische Probleme geschaffen, die weder solche der Menschen noch der anderen Wissenschaftler sind. Fachphilosophische Debatten sind in hohem Maße selbstbezüglich geworden. Ihre Sprache wurde in eine hermetische Kunstsprache verwandelt. Sie ist für Nichtphilosophen und andere Wissenschaftler kaum mehr verständlich und lässt sich offenbar auch weder in deren Sprachen übersetzen noch diesen Sprachen zuordnen.

Überdies haben einige Philosophen selbst so radikal wie nie zuvor den Sinn der Philosophie in Frage gestellt. Zwar hat die Philosophie schon früher ihre Möglichkeiten intern begrenzt, etwa in der Vernunftkritik Kants. Im 20. Jahrhundert ist diese konstruktive Selbstkritik allerdings nicht selten in fundamentale Skepsis umgeschlagen. Da die Sätze der Philosophie weder solche der sinnlichen Erfahrung bzw. der Erfahrungswissenschaften noch solche der Logik und Mathematik sein könnten, sei – so die am weitesten gehende Version dieser extrem selbstrestriktiven Auffassung – alles gegenstandsbezogene Philosophieren jenseits der bloßen Analyse von Sprache und Argumentation sinnlos.

Das so radikal in Zweifel gezogene Fremd- und Selbstverständnis der Philosophie erfordert ein neuerliches Nachdenken über ihre Aufgabe. Diesem Nachdenken ist der vorliegende Versuch zu dienen bestimmt. In einem ersten Schritt wird das Phänomen der Philosophie möglichst adäquat erfasst. In einem zweiten Schritt werden skeptische Einwände gegen die Aufgabe der Philosophie widerlegt. In einem dritten Schritt wird untersucht, was gutes und richtiges Philosophieren sein kann.

Ein Motiv dieses Essays liegt in einer vorsichtigen und zurückhaltenden, in der Sache aber umso unnachgiebigeren Verteidigung des Philosophierens, eine mit ihm verbundene Hoffnung darin, beizutragen: zu einer Renaissance der Philosophie.

I. Einleitung

1. Seit ihren Anfängen stellen Menschen philosophische Fragen wie: Was ist die Welt? Was ist Sein? Was ist Gott, der Mensch, Erkenntnis, Sprache, Wissen, Wahrheit, das Gute, Recht und Gerechtigkeit, der Sinn des Lebens? Die Untersuchung dieser Fragen bliebe allerdings naiv und eingeschränkt, würden Philosophierende sie ohne Sicherung ihres Tuns, ohne Vergewisserung ihrer Erkenntnismöglichkeiten, ohne Aufklärung ihrer spezifischen Ziele unternehmen. Nach philosophischer Erkenntnis Suchende müssen auch – wollen sie reflektiert philosophieren – fragen: *Was ist Philosophie?* Oder anders formuliert: *Welche Aufgabe kommt der Philosophie zu?*

Wie alle anderen individuellen Gegenstände der Erkenntnis lässt sich auch die Philosophie aus unterschiedlichen, einzelwissenschaftlichen Perspektiven betrachten. Aus einer *historischen* Perspektive ist sie Teil der allgemeinen Menschheitsgeschichte, insbesondere der Geschichte von Erkenntnisstreben und Wissenschaft. Aus einer *soziologischen* Perspektive lässt sie sich als soziale Tatsache im Verhältnis zu anderen sozialen Tatsachen bzw. Phänomenen (beide Begriffe betonen jeweils nur einen anderen Teilaspekt derselben Realität) wie Religion, Politik und Wirtschaft beschreiben. Aus einer *neurowissenschaftlichen* Perspektive besteht sie in mentalen Ereignissen einzelner Philosophierender. Aus einer *linguistischen* Perspektive setzt sie sich aus Sprechakten zusammen. Und weitere Perspektiven sind denkbar.

Jede dieser Perspektiven vermittelt eine *mögliche* sowie – sofern ihre Behauptungen zutreffen – *wahre* und *wichtige* Beschreibung eines Teilaspekts der komplexen historischen, sozialen, mentalen und sprachlichen Tatsache der Philosophie. Eine *vollständige* und damit wissenschaftlich befriedigende Antwort auf die Frage nach dem Phänomen der Philosophie hätte mindestens alle diese Perspektiven zu vereinen. Angesichts der eingetretenen Spezialisierung müssten hierzu viele Wissenschaftler mitwirken, zumal die Philosophie unterschiedlicher Kulturen der Welt zu berücksichtigen wäre, also nicht nur die europäische und nordamerikanische, sondern auch die afrikanische, asiatische, ozeanische und südamerikanische Philosophie.

2. Übrig und noch gar nicht berührt bliebe dann allerdings die Frage, ob es nicht auch eine spezifisch *philosophische* Perspektive auf die Philosophie gibt. Die vorliegende Untersuchung versucht eine derartige *philosophische Perspektive auf die Philosophie* einzunehmen. Aber wie lässt sich eine Perspektive zu einem zu untersuchenden Gegenstand einnehmen, die offensichtlich als Perspektive bereits ein Verständnis eben dieses zu untersuchenden Gegenstands voraussetzt? Ist ein derartiges philosophisches Selbstverhältnis der Philosophie zu sich mit dem Ziel eines Selbstverständnisses nicht unmöglich? Vor dieser nur allzu berechtigten aber auch besonders schwierigen Metafrage – Kapitel V. 4 wird sie wieder aufnehmen – soll hier die inhaltliche Frage nach der *Aufgabe der Philosophie* gestellt werden.

Zur Gewinnung einer solchen *philosophischen Perspektive auf die Philosophie* gibt es wenigstens drei mögliche Wege: Man kann die wichtigsten philosophischen Theorien der Vergangenheit untersuchen, also die Ideengeschichte der Philosophie. Man kann des Weiteren beispielhaft philosophische Probleme erörtern. Derartige Geschichten der Philosophie und Sammlungen von Problemen gibt es bereits in befriedigender Anzahl und Qualität. Überdies setzt die Demarkation sowohl von philosophischen gegenüber nichtphilosophischen Theorien der Vergangenheit als auch von philosophischen gegenüber nichtphilosophischen Sachproblemen bereits ein Verständnis dessen voraus, was die Philosophie von anderen Formen der Suche nach Erkenntnis unterscheidet. Das Ziel des vorliegenden Versuchs ist deshalb weder ein philosophiehistorisches noch ein problemorientiertes, sondern ein sachliches: Die Philosophie soll *aus einer philosophischen Perspektive sachlich untersucht und kritisiert bzw. gerechtfertigt werden.* Dies geschieht in drei Schritten: In einem *ersten deskriptiven* Schritt wird in den vier Anfangskapiteln die Tatsache bzw. das Phänomen der Philosophie *dargestellt bzw. rekonstruiert*, und zwar – dies ist der spezifisch philosophischen Perspektive geschuldet und wird in Kapitel VII. gerechtfertigt – *auf dem Wege einer Analyse des Philosophiebegriffs.* In einem zweiten *kritischen* Schritt werden im fünften Kapitel einige der im Vorwort bereits angesprochenen Zweifel am Sinn der Philosophie *wiedergegeben und kritisiert.* Der Versuch, die Philosophie auf bloße Sprach- und Argumentationsanalyse zu reduzieren, wird zurückgewiesen. In einem *dritten, normativen* Schritt wird in den Folgekapiteln die Frage aufgeworfen, was – sofern man dieser Kritik an Versuchen zu einer Reduktion der Philosophie folgt – *gutes und richtiges Philosophieren* sein kann.

3. Die spezifisch philosophische Perspektive auf die Philosophie wird zunächst mittels der *Was-ist?-Frage* eingenommen. Fragen wir mit dem Ausdruck »Was ist?« nach einem Gegenstand, so suchen wir nicht nur nach seinen zufälligen, veränderlichen Merkmalen. Wir erwarten vor allem die Angabe *notwendiger, nicht veränderlicher Eigenschaften*, die den fraglichen Gegenstand kennzeichnen, und zwar nicht lediglich einzelner, sondern möglichst vieler, ja wenn möglich sogar aller notwendigen, nicht veränderlichen Merkmale. Das gilt auch für die Frage »Was ist Philosophie?«. Wir suchen also nach all denjenigen Eigenschaften, die wir für notwendig halten, um eine Tatsache bzw. ein Phänomen nicht nur im konkreten Einzelfall sowie zeit- bzw. kulturrelativ, sondern generell als Philosophieren über alle Zeiten und Kulturen hinweg von anderen Tatsachen bzw. Phänomenen abzugrenzen.

II. Philosophie als Tätigsein und Suche nach Erkenntnis

1. Philosophieren ist zunächst einmal begrifflich notwendig *menschliches Tätigsein bzw. Handeln* in einem sehr weiten, inneres Denken und äußeres Tun umfassenden Sinn einschließlich seiner Ergebnisse, ein Tätigsein aufeinander bezogener Akteure, eine gemeinsame Praxis des Strebens einzelner Philosophierender. Diese erste Bestimmung der Philosophie hält stärksten Einwänden stand: Manches einzelne Philosophieren mag in seinen Wegen irregeleitet sein. Aber es ist in all seiner Irreleitung immerzu menschliches Tätigsein.

Menschliches Handeln bzw. Tätigsein wird notwendig, wenn auch nicht ausschließlich, durch seine *Ziele* (*Intentionen*) in einem umfassenden Sinn bestimmt, einschließlich des mehr oder minder bewussten und gewollten Hinnehmens und Geschehenlassens. Veränderungen des Menschen ohne Ziele sind kein Handeln, sondern nur Reflexe, Widerfahrnisse oder unbewusste Bewegungen.

Allerdings finden sich im Falle des Handelns mehrerer Menschen soziale Phänomene, wie etwa die Bevölkerungsentwicklung, die zwar Folge einzeln gewollten Handelns, als kumulative Folge aber nicht einzeln oder gemeinsam gewollt sind. Die Folge der einzeln gewollten Handlungen steht zu diesen nur im Verhältnis der zufälligen Gleichzeitigkeit, der Koinzidenz. Anders ohne Zweifel beim Philosophieren. Einzelne Philosophierende beziehen ihr Handeln regelmäßig auch bewusst und gewollt auf das Philosophieren anderer und die gemeinsame Praxis des Philosophierens. Sie handeln *koordiniert* oder sogar *kooperativ*.

Als Teil einer derartigen *Koordination* oder sogar *Kooperation* ist das Philosophieren durch das Ziel der *gemeinschaftsbezogenen* oder sogar *gemeinsamen Suche* bestimmt. Wir können folglich dieses gemeinschaftsbezogene bzw. gemeinsame Handeln nur unter Berücksichtigung seiner weitgehend *übereinstimmenden* oder sogar *gemeinsamen Ziele* adäquat verstehen. Diese gemeinsamen Ziele werden relativ abstrakt sein. Und sie schließen selbstredend nicht aus, dass jeder Philosophierende mit seinem Philosophieren auch zusätzliche eigene, für das Philosophieren nicht notwendige Zwecke der verschiedensten Art verbindet, etwa Bücher zu schreiben, andere zu unterrichten, seinen Lebensunterhalt zu verdienen usw.

Menschliches Handeln kann *sein Ziel entweder in sich selbst finden*, etwa wenn wir nur um des Spazierengehens willen spazieren gehen. Oder es kann sich *auf ein jenseits des eigenen Handelns liegendes Ziel richten*. Im zweiten Fall, also um sein jenseits des eigenen Handelns liegendes *Ziel* zu verwirklichen, benötigt der Handelnde *Mittel*. Sein Handeln weist dann notwendig eine *Ziel- bzw. Zweck-Mittelstruktur* auf. Ein bestimmtes Ziel lässt sich dabei prinzipiell mit unterschiedlichen Mitteln verwirklichen. Und ein bestimmtes Mittel kann zur Verwirklichung unterschiedlicher Ziele taugen. Wir können etwa einen Ort mit unterschiedlichen Verkehrsmitteln erreichen, also zum Beispiel nach Rom mit der Bahn, mit dem Auto oder dem Flugzeug reisen. Und wir können ein einziges Verkehrsmittel nutzen, um an unterschiedliche Orte zu gelangen, also etwa die Bahn, um nach Rom, Paris oder Wien zu fahren.

Das Philosophieren kann nach allgemeiner Auffassung sein Handlungsziel nicht ausschließlich oder auch nur überwiegend in sich selbst finden. Es ist notwendig auf ein handlungsexternes Ziel gerichtet. Das führt zur zentralen Frage der Aufklärung der Philosophie über sich selbst: *Was ist das handlungsexterne Ziel desjenigen Tätigseins, das wir als Philosophieren ansehen?*

2. Das Philosophieren ist notwendig eine *Suche des Menschen nach dem handlungsexternen Ziel der Erkenntnis*. Der allgemeine Begriff der Erkenntnis umfasst dabei grundsätzlich jede Art theoretischer und praktischer Kenntnisse, Erfahrungen und Fertigkeiten.

Zumindest um herauszufinden, ob philosophische Erkenntnis möglich ist, muss man nach ihr suchen. Selbst schärfste philosophische Skepsis kann nicht umhin, nach philosophischer Erkenntnis zu suchen, und sei es nur in therapeutischer Absicht, um Missverständnisse und Missbräuche der Sprache oder des Denkens aufzuklären. Verstünde man die Philosophie nicht als Suche nach Erkenntnis, bezöge man sich mit dem Begriff nicht mehr auf dieselbe, von vielen seit Langem geübte Praxis. Lediglich den Inhalt des Begriffs hätte man verändert, Einsicht in das Phänomen des Philosophierens jedoch nicht gewonnen.

3. Das altgriechische Wort »philosophia« und seine Lehensäquivalente in den modernen Sprachen werden nicht selten als »*Liebe zur Weisheit*« übersetzt. Wie vielfach unterscheiden sich aber auch beim Wort »philosophia« die Bedeutungsgrenzen der altgriechischen und der deutschen Sprache. Das altgriechische »philein« wurde im Hinblick auf das philosophierende Subjekt viel weiter und viel weniger gefühlsbezogen als das deutsche »lieben«, etwa auch im Sinne von »suchen«, »wünschen« und »pflegen« verstanden. Und das altgriechische »sophia« richtete sich im Hinblick auf den Gegenstand der Erkenntnis ursprünglich viel umfassender als »Weisheit« auf alle möglichen Fähigkeiten und Erkenntnisse. Homer bezeichnete damit etwa das handwerkliche Geschick eines Zimmermanns. Und bei Herodot meint »philosophein« nur den Wunsch, etwas herauszufinden. Platon versuchte dann vor allem den zweiten, gegenstandsorientierten Bedeutungsteil des Wortes »philosophia« einzuschränken und die Tätigkeit des Philosophierens auf diese Weise gegenüber anderen Arten der Suche nach Erkenntnis abzugrenzen. Im Gegensatz zur Rhetorik der Sophisten sollte das richtige Philosophieren als höchste Form der Wahrheitssuche Begründung und Kritik, die Methode der Dialektik, den direkten Zugang zur letzten Realität, das Verstehen der Zwecke aller Dinge und die Einsicht in die Ideale richtigen Lebens umfassen. Aristoteles hat die Philosophie als Erkenntnis der ersten Prinzipien bzw. des Seienden aufgefasst. Beide Charakterisierungen gehen jedoch weit über eine Rekonstruktion des allgemeinen Wort- bzw. Begriffsverständnisses hinaus. Sie enthalten bereits sehr bestimmte wertende Überzeugungen, auf welche Gegenstände sich gutes und richtiges Philosophieren beziehen soll. Sie sind deshalb für ein umfassendes, der Darstellung der Tatsache adäquates und damit möglichst neutrales Verständnis des Wortes »Philosophie« zu beschränkt.

Welches Wort trifft die spezifische Suche der Philosophie am ehesten? Der Ausdruck »Erkenntnis« ist zu weit, weil die Philosophie seit Platon bis in die heutige Zeit nur einen bestimmten Ausschnitt der allgemeinen Suche nach Erkenntnis umfasst. Der moderne Ausdruck »Weisheit« ist dagegen zu eng, zu persönlich, zu sehr auf die Lebensklugheit des einzelnen Weisen beschränkt. Die Philosophie sucht zwar Weisheit. Aber sie sucht auch eine weniger persönliche, das heißt objektivere Art der Erkenntnis. Sie sucht in ihren Was-ist?-Fragen eine Erkenntnis, die den Dingen und Fragen auf den Grund geht, indem sie alle notwendigen und allgemeinen Eigenschaften eines Gegenstandes auffindet. Dafür erscheint der Ausdruck »Einsicht« am treffendsten. Philosophie wäre dann am besten als *Suche nach Einsicht* bezeichnet. Aber was bedeutet das? Worin unterscheidet sich die philosophische Suche nach Einsicht von anderen Arten der Suche nach Erkenntnis, etwa denjenigen der Einzelwissenschaften?

4. Jede Erkenntnis ist notwendig Erkenntnis von *etwas*. Der Erkenntnisbegriff impliziert also unumgänglich ein »Wovon« der Erkenntnis. Oder anders ausgedrückt: Jede Erkenntnis ist begrifflich notwendig Erkenntnis eines *zu Erkennenden*, eines *Erkenntnisobjekts*. Das Ziel jeder Suche nach Erkenntnis besteht somit in der Erkenntnis eines Erkenntnisobjekts, eines *Gegenstands* im formalen Sinn. Das bedeutet: Für jene spezifische Form des Handelns, die Erkenntnissuche ist, wird das allgemeine Ziel des Handelns in ganz grundsätzlicher Art und Weise konkretisiert, nämlich aufgespalten: zum einen in das Ziel des *Gegenstands*, der erkannt werden soll, und zum anderen in das Ziel, diesen Gegenstand *zu erkennen*, also das besondere *Erkenntnisziel*, das im Verhältnis zum Gegenstand als ultimativem Ziel unserer Suche nach Erkenntnis allerdings einen gewissen Mittelcharakter annimmt.

Der Ausdruck »Gegenstand« ist im Rahmen der Suche nach Erkenntnis sehr weit und nicht körperlich zu verstehen. Er ist nicht auf raum-zeitliche Dinge und Tatsachen beschränkt, umfasst vielmehr alle möglichen Denk- bzw. Weltobjekte unserer Erkenntnis, im Falle der Mathematik zum Beispiel Zahlen, Funktionen, Strukturen, Beweise usw. (Materialobjekt). Die Wahl des Gegenstandsbegriffs impliziert somit keine Verdinglichung. Sie impliziert auch keine Vorentscheidung, ob dieser Gegenstand rezeptiv aufgenommen oder produktiv erzeugt wird. Das Ergebnis jeder Suche nach

Erkenntnis kann schließlich durchaus sein, die Existenz des fraglichen Gegenstands außerhalb unseres Denkens bzw. Handelns der Erkenntnissuche schlechthin oder jedenfalls in Raum und Zeit zu verneinen, wie die Physik den Äther. Die Möglichkeit der Nichtexistenz des gesuchten bzw. untersuchten Erkenntnisgegenstandes außerhalb unseres Denkens bzw. Handelns der Erkenntnissuche ist ein notwendiger Aspekt eben dieser Begriffe des Denkens bzw. der Erkenntnissuche.

Jede Suche nach Erkenntnis umfasst also wenigstens die folgenden drei Elemente: (1) Sie bezieht sich notwendig auf ein von ihr verschiedenes *Erkenntnisobjekt*, einen *Gegenstand* im formalen Sinn. (2) Sie verfolgt eines oder mehrere spezifische *Erkenntnisziele* im Hinblick auf diesen Gegenstand im formalen Sinn. (3) Sie wählt wie jedes menschliche Handeln, das auf ein handlungsexternes Ziel gerichtet ist, zur Erreichung ihrer Erkenntnisziele bestimmte *Mittel*. Wir bezeichnen die spezifischen Mittel, welche wir im Rahmen der Suche nach Erkenntnis anwenden, nicht selten auch als deren *Methoden*.

Ein Beispiel: Der allgemeine *Gegenstand* der Biologie ist das Leben und die einzelnen Lebewesen. Ihr spezifisches *Erkenntnisziel* ist eine immanent-naturgesetzliche Beschreibung und Erklärung der Mannigfaltigkeit des Lebens sowie seines Entstehens, Wandels und Vergehens. Ihre *Mittel* bzw. *Methoden* zur Erreichung dieses Ziels sind die Beobachtung, die Messung, die chemische Analyse, das Experiment, die Formulierung von Gesetzeshypothesen sowie Theorien usw.

Natürlich wird der Gegenstand unserer Suche nach Erkenntnis auch partiell von unseren Erkenntniszielen und Methoden beeinflusst. Und Vergleichbares gilt für unsere Erkenntnisziele im Verhältnis zu unseren Methoden. Aber da unsere Suche nach Erkenntnis notwendig ein *extern zielgerichtetes* menschliches Handeln ist, wird es durch seine *Zweck-Mittel-Struktur* mit deren Primat des Ziels bzw. Zwecks bestimmt. Das bedeutet: Der Gegenstand bleibt als ultimatives Ziel unserer Suche nach Erkenntnis immer primär. Auch eine noch so starke Beeinflussung des Gegenstands unserer Suche nach Erkenntnis durch die Erkenntnisziele und Methoden kann die prinzipielle, handlungsbedingte Zweck-Mittel-Struktur der Suche nach Erkenntnis nicht umkehren. Und ein vergleichbarer Vorrang gilt für die Erkenntnisziele im Verhältnis zu den Methoden. Als Mittel können die Methoden also nie vollständig selbständig und bestimmend gegenüber den Gegenständen und Erkenntniszielen werden.

5. Was kann dann *Gegenstand, Ziel und Mittel bzw. Methode der Philosophie* sein? Zwei Einsichten sind vorab entscheidend:

Die Philosophie *kann erstens nicht einen einzelnen, relativ isolierten Typ von Dingen oder Tatsachen zum Gegenstand bzw. Gegenstandsbereich haben* wie die Einzelwissenschaften, etwa die Physik die Materie bzw. Energie, die Biologie das Leben, die Soziologie die Gesellschaft, die Linguistik die Sprache, die Psychologie die Seele bzw. Persönlichkeit, die Mathematik Zahlen, Funktionen, formale Strukturen, Beweise usw. Werden alle einzelnen Gegenstände bzw. Gegenstandsbereiche durch die Einzelwissenschaften untersucht, muss der Gegenstand der Philosophie ein anderer sein, sonst wäre die Philosophie eine Einzelwissenschaft wie die anderen Einzelwissenschaften – was sie nach dem eigenen und allgemeinen Begriffsverständnis nie war, nicht ist und auch nicht sein kann; denn es ist nicht ersichtlich, welcher einzelne, relativ isolierte Gegenstand noch für die Philosophie übrig bliebe, der nicht von einer Einzelwissenschaft untersucht wird oder dessen Untersuchung sich zumindest nicht in einer neuen Einzelwissenschaft verselbständigen ließe, wie dies mit dem Heraustreten mancher Einzelwissenschaften aus der Philosophie in der Vergangenheit bereits mehrfach geschehen ist, etwa der Physik, der Psychologie und der Sprachwissenschaft.

Die Philosophie *muss zweitens als Suche nach Erkenntnis aber einen Gegenstand im Sinne eines Erkenntnisobjekts haben.* Sie kann sich nicht lediglich auf eine Methode, das heißt ein bloßes Mittel beschränken. Menschliches Handeln lässt sich zwar im Allgemeinen partiell auch durch seine Mittel charakterisieren. Aber die Philosophie stellt nach ihrem unbestrittenen Fremd- und Selbstverständnis eine *selbständige, fachkonstituierende Art* der Suche nach Erkenntnis, eine *eigenständige Untersuchungsform* bzw. *wissenschaftliche Disziplin* dar. Sie ist mehr als eine bloße Methodendivergenz oder Zielalternative *innerhalb* einer Disziplin. Wir gehen deshalb von einem eigenen, spezifischen Erkenntnisobjekt der Philosophie aus. Ansonsten wäre die Philosophie höchstens eine Subdisziplin der Mathematik, der Linguistik, der Geschichte oder der Altphilologie.

Braucht die Philosophie als selbständige Art der Suche nach Erkenntnis bzw. als eigene wissenschaftliche Disziplin einen spezifischen Gegenstand, kann sie aber keinen einzelnen, relativ isolierten Gegenstand wie die Einzelwissenschaften haben, so muss man nach einer anderen Art von Gegenstand fragen. Dazu gibt es zwei grundsätzliche Möglichkeiten, eine *quantitative* und eine *qualitative* Bestimmung des Gegenstands:

6. Im Hinblick auf eine *quantitative* Bestimmung des Gegenstands der Philosophie bestehen wiederum zwei extreme Alternativen: Die Philosophie könnte entweder *alle* Typen von Dingen und Tatsachen zu ihrem Gegenstand haben oder überhaupt *keinen* Typ von Dingen und Tatsachen.

Die erste, *extrem weite* Auffassung, dass die Philosophie *alle* Typen von Dingen und Tatsachen zu ihrem Gegenstand hat, könnte man für manche Vorsokratiker wie Thales, Anaximander und Anaximenes annehmen, für die zwischen Wissenschaft und Philosophie kein Unterschied bestand, die sich allerdings, soweit wir wissen, selbst nicht systematisch als »Philosophen« bezeichnet haben und wohl von den anderen Zeitgenossen auch nicht so bezeichnet worden sind. Die Charakterisierung dieser Wissenschaftler als »Philosophen« ist nur eine nachträgliche und der Tatsache geschuldet, dass sie aus späterer Sicht auch Fragen untersucht haben, die folgende Denker als philosophische Fragen ansahen. Seit Sokrates und Platon hat dann – soweit wir wissen – kein Philosoph mehr den Anspruch erhoben, alle Typen von Dingen und Tatsachen mittels seiner spezifisch philosophischen Art der Suche nach Erkenntnis zu erfassen. Der Bezug des Begriffs der Philosophie auf alle Typen von Dingen und Tatsachen wäre also nicht nur nach dem heutigen Verständnis, sondern auch historisch inadäquat.

Die zweite, *extrem enge* Auffassung, dass die Philosophie überhaupt *keinen* Typ von Dingen und Tatsachen zum Gegenstand hat bzw. haben kann, weil sich ein solcher Gegenstand nicht aussprechen lässt, wurde vom frühen Wittgenstein vertreten. Dies geschah allerdings in einem philosophischen Buch, dem *Tractatus logicophilosophicus*, das als Suche nach Erkenntnis durchaus einen Gegenstand hat und auf eine bestimmte, wenn auch äußerst skeptische Art und Weise behandelt, nämlich zumindest die Philosophie selbst, also die philosophischen Bemühungen anderer Philosophierender. Wittgenstein hat die Philosophie dann zwar zeitweise aufgegeben, ist aber wieder zu ihr zurückgekehrt und hat den Kampf gegen die Verhexung unseres Verstandes durch die Mittel der Sprache als Aufgabe der Philosophie bezeichnet. Man kann also annehmen, dass er seine frühe Auffassung zumindest bis zu einem gewissen Grade revidiert hat. Im Übrigen würde diese frühe extreme Auffassung sicherlich nicht dem allgemeinen Selbstverständnis fast aller Philosophierenden in Geschichte und Gegenwart sowie einer externen Beschreibung ihres Handelns entsprechen.

Beide quantitativ extremen Auffassungen können als Beschreibung des historischen wie sachlichen Phänomens der Philosophie also nicht zutreffen.

7. Auch in *qualitativer* Hinsicht wurden bezüglich des Gegenstands der Philosophie extreme Auffassungen vertreten:

Eine sehr anspruchsvolle Auffassung hatten ihre antiken Begründer. Nach Platon kommt der Philosophie die Aufgabe der Einsicht in die höchsten, unveränderlichen und alle andere Erkenntnis bestimmenden Formen bzw. Ideen zu. Für Aristoteles soll sie die ersten Prinzipien, das Sein des Seienden erkennen.

Niemand wird bezweifeln, dass damit historisch wie sachlich zentrale Gegenstände der Philosophie benannt sind. Aber für eine allgemeine, zunächst nicht normative, sondern deskriptive Phänomen- bzw. Tatsachenbeschreibung der Philosophie sind diese anspruchsvollen Vorschläge für ihren Gegenstand zu eingeschränkt. Sie können bescheidenere erkenntnistheoretische und sprachphilosophische Perspektiven der Philosophie nicht mit umfassen. Man hat somit guten Grund, Ideen oder Prinzipien nicht zum alleinigen oder auch nur hauptsächlichen Gegenstand der Philosophie zu erheben, also ihre alleinige oder auch nur hauptsächliche Untersuchung nicht als notwendige Bedingung eines umfassend verstandenen, deskriptiven Philosophiebegriffs anzusehen.

Eine relativ anspruchslose gegenwärtige Auffassung hinsichtlich des Gegenstands der Philosophie will dagegen nur die allgemeinen *Methoden des Erkennens* und/oder die *Methoden der Einzelwissen-*

schaften, als Gegenstand der Philosophie anerkennen. Die Philosophie wäre dann die Methodenlehre anderer Arten der Erkenntnis und/oder der Einzelwissenschaften, etwa der Mathematik, der Naturwissenschaften usw.

Man kann nicht bezweifeln, dass die Philosophie auch die Methoden des Erkennens der anderen Wahrnehmungsformen und der Einzelwissenschaften zu reflektieren hat. Aber diese Methoden können als Tatsachen wie jeder einzelne Gegenstand aus verschiedenen externen Perspektiven analysiert werden, aus einer soziologischen, aus einer historischen, aus einer psychologischen, aus einer naturwissenschaftlichen, aus einer mathematischen Perspektive usw. Es bleibt zweifelhaft, was die philosophische Perspektive dann noch Eigenständiges zur Vielzahl dieser externen einzelwissenschaftlichen Perspektiven auf die Methoden des einzelwissenschaftlichen Erkennens beitragen könnte. Jede Einzelwissenschaft hat überdies ihre eigene interne Methodenlehre. Es ist nicht erkennbar, was daneben noch das Spezifische der philosophischen Perspektive auf die Methoden der allgemeinen Erkenntnis und/oder der Einzelwissenschaften sein sollte. Die Philosophie würde, folgte man dieser Auffassung, entweder zur externen Wissenschaftssoziologie, Wissenschaftsgeschichte oder Wissenschaftspsychologie oder zur internen Methodenlehre der Einzelwissenschaften. Das sind alles höchst respektable und wichtige Disziplinen bzw. Subdisziplinen. Aber nach dem Selbstverständnis beinahe aller Philosophierenden in Geschichte und Gegenwart und beinahe aller, welche die Philosophie von außen beschrieben haben, war und ist sie weder mit diesen einzelwissenschaftlichen Disziplinen noch mit den internen Methodenlehren der einzelwissenschaftlichen Disziplinen identisch.

Man könnte des Weiteren annehmen, dass die Analyse der Sprache, der Argumentation sowie der Logik der Einzelwissenschaften über deren externe Geschichte, Soziologie und Psychologie einerseits und interne Methodenreflexion andererseits hinausginge. Aber es ist zum einen nicht ersichtlich, was dann noch die spezifisch philosophische Perspektive auf diese einzelnen Gegenstände sein sollte, worin also eine Perspektive bestehen sollte, die nicht auch die Linguistik, die rhetorische Argumentationsanalyse oder die mathematische Logik einnehmen könnten. Im Übrigen mag

eine derartige Konzentration auf Sprach- sowie Argumentationsanalyse und Logik zwar vielleicht als Resultat der in Kapitel V.
noch zu erörternden skeptischen Infragestellung der Philosophie
ein bedenkenswerter *normativer* Vorschlag sein. Sie ist aber als *Beschreibung* keinesfalls mit dem Selbstverständnis und der Tätigkeit
der allermeisten Philosophierenden in Geschichte und Gegenwart
vereinbar. Der Vorschlag kann deshalb als Phänomenbeschreibung
bzw. Ergebnis der Analyse des Philosophiebegriffs nicht befriedigen. Die beiden soeben erhobenen Einwände lassen sich auch gegen
die noch engere und skeptischere Auffassung richten, die Philosophie analysiere lediglich ihre eigene Sprache, Argumentation oder
Logik.

Der Gegenstand der Philosophie muss somit zwischen den beiden soeben erörterten quantitativen und qualitativen Extremen
liegen.

III. Philosophie als Suche nach Einsicht in alle Strukturen

1. Die Philosophie kann sich nicht wie die Einzelwissenschaften ausschließlich auf einzelne Gegenstände der Welt richten, sonst wäre sie selbst eine Einzelwissenschaft. Aber sie braucht einen spezifischen Gegenstand, sonst wäre sie keine Form unserer Suche nach Erkenntnis.

Übrig bleibt der Philosophie dann nur noch die Suche nach Einsicht in das *Gesamte*, also in die *Gesamtheit aller einzelnen Gegenstände* und die *Gesamtheit der Verbindungen aller einzelnen Gegenstände* (einschließlich des Extrems ihrer vollständigen Negation), somit – allerdings in einem sehr spezifischen, gleich noch zu erläuternden Verständnis – in *alle Strukturen* bzw. die *allgemeine Struktur der Welt*. Dabei nimmt sie auch die *allgemeinsten Gegenstände in ihrem Verhältnis zu anderen Gegenständen in den Blick*, weil sich in ihnen die allgemeine Struktur konkretisiert und so eine doppelte Einsicht gewonnen werden kann: Einsicht in den philosophischen Aspekt dieser allgemeinsten Gegenstände und in alle Strukturen der Welt.

Ein Beispiel: Die Philosophie untersucht die Erkenntnis als Gegenstand nicht nur in ihrem Verhältnis zur Gesellschaft wie die Wissenssoziologie, nicht nur in ihrem Verhältnis zur Wirtschaft wie die Wissensökonomie, nicht nur in ihrem Verhältnis zur Geschichte wie die Wissensgeschichte. Sie untersucht vielmehr das allen diesen einzelnen Verhältnissen zugrunde liegende, *Gemeinsame bzw. Gesamte* und damit Notwendige und Unveränderliche der Erkenntnis, welches dann natürlich auch in den je spezifischen Verhältnissen eine Rolle spielt, die man nicht über-, aber auch nicht unterschätzen sollte.

2. Was ist mit diesen Charakterisierungen des Gegenstands der Philosophie als »Gesamtheit aller einzelnen Gegenstände und Gesamtheit der Verbindungen aller einzelnen Gegenstände« oder

mit »allen Strukturen« bzw. der »allgemeinen Struktur der Welt« gemeint? Zunächst ist zu betonen: Es ist nicht das raum-zeitliche Universum, das Weltall als naturgesetzlich bestimmter einzelner Gegenstand der Physik gemeint. Es verweist auch nicht auf die Welt in ihrer gesamten, additiv verbundenen Mannigfaltigkeit, also verstanden als enzyklopädische Summe der Erkenntnisse aller einzelnen Wissenschaften und des Alltags, des Handwerks usw. Die Philosophie kann keine derartige enzyklopädische Zusammenstellung allen einzelnen Wissens zu einem bibliographisch-informationstechnischen Universalwissen leisten. Sie sucht nach einer anderen Gesamtheit, nämlich nach einer allgemeinen Struktur der einzelnen Gegenstände, sei diese Struktur unabhängig von uns bestehend, von uns erzeugt oder ein Mittleres zwischen diesen Alternativen. Aber worin kann diese allgemeine Struktur bestehen?

Dies ist selbst schon eine inhaltliche philosophische Frage, die deshalb für die bloße Bestimmung des deskriptiven Begriffs der Philosophie nicht ausschlaggebend sein kann. Aus diesem Grund soll hier der nichtphilosophische und sehr abstrakte Begriff der Struktur auch bewusst nicht näher analysiert werden. Wichtig ist aber zweierlei: Der bloße Begriff der Philosophie als Suche nach Einsicht in alle Strukturen bzw. die allgemeine Struktur der Welt und die allgemeinsten Gegenstände setzt nicht voraus, dass diese Suche auch erfolgreich ist, dass es also so etwas wie eine allgemeine Struktur gibt. Die physikalische Suche nach dem Äther war ohne Zweifel respektable Physik, auch wenn – wie wir heute wissen – ein Ding wie der Äther außerhalb unseres Denkens und unserer Erkenntnissuche nicht existiert.

Die Suche der Philosophie nach Einsicht in eine allgemeine Struktur muss weiterhin auch die Suche nach Einsicht in ihre eigenen erkenntnistheoretischen und sprachphilosophischen Voraussetzungen umfassen. Ja, sie würde sich irgendwann auf die Suche nach diesen Voraussetzungen beschränken müssen, sollte man endgültig und unumstößlich zu dem Ergebnis gelangen, eine allgemeine Struktur der Welt existiere außerhalb unseres Denkens und unserer Suche nach Erkenntnis nicht (was allerdings der gründlichen Prüfung und der Einigkeit bedürfte).

3. Die Philosophie sucht nach Einsicht in alle Strukturen bzw. die allgemeine Struktur der Welt auch in allgemeineren Gegenständen, welche die Einzelwissenschaften ebenfalls zum Erkenntnisobjekt haben, etwa dem Menschen, der Erkenntnis, der Sprache, der Politik, dem Recht, der Wirtschaft usw. Die Philosophie hat insofern keinen eigenen Gegenstandsbereich, der nur ihr allein vorbehalten bliebe und nicht in Teilen auch von einzelnen Wissenschaften untersucht würde. Sie hat aber zum einen so weit einen eigenen Gegenstandsbereich, als nur sie Einsicht in die allgemeine Struktur aller Gegenstandsbereiche der Einzelwissenschaften und sonstigen einzelnen Erkenntnisse zu gewinnen sucht. Zum andern erforschen die Philosophie und die Einzelwissenschaften zwar auf einer vergleichbar hohen Ebene der Allgemeinheit bzw. Abstraktion dieselben Gegenstände, etwa den Menschen, die Erkenntnis und die Sprache. Die allgemeinsten (abstraktesten) Gegenstände bzw. Strukturen, wie das Sein, die Identität, die Differenz und der umfassende Zusammenhang von allem, werden aber nur von der Philosophie untersucht (zur Besonderheit von Religion und Theologie siehe das nächste Kapitel). Weniger allgemeine Gegenstände wie Bäume oder gar einzelne Dinge wie ein einzelner Baum sind dagegen regelmäßig direkte Gegenstände der Biologie als Einzelwissenschaft. Die Philosophie nimmt derartige weniger abstrakte Gegenstände oder einzelne Dinge allenfalls zur Kenntnis, um in ihnen allgemeine Strukturen zu erkennen.

Die Einzelwissenschaften teilen im Übrigen ihre abstrakteren Gegenstände wie Erkenntnis oder Sprache regelmäßig rasch in konkretere Gegenstände, etwa einzelne Unterarten der Erkenntnis wie der Sprache. Die Philosophie bewahrt dagegen zumindest bis zu einem gewissen Grade die Allgemeinheit und damit Abstraktheit ihrer Teilgegenstände. Und sie setzt diese zu noch allgemeineren Teilgegenständen bzw. Begriffen wie den Begriffen des Seins, der Identität und der Differenz in Beziehung.

Die Erkenntnisbereiche der Philosophie und der Einzelwissenschaften überlappen sich also bezüglich einzelner Gegenstände zwar auf einer hohen Ebene der Allgemeinheit: etwa bei relativ abstrakten Gegenständen bzw. Begriffen wie Mensch, Erkenntnis und Sprache. Sie sind aber keineswegs gleich. Denn die Philosophie untersucht auch die allgemeinsten Gegenstände. Und sie setzt weniger allgemeine Gegenstände bzw. Begriffe zu diesen allgemeinsten Gegenständen bzw. Begriffen in Beziehung. Die Einzelwissenschaften beschränken sich dagegen zum einen auf die nicht allgemeinsten Gegenstände. Sie beziehen sich zum anderen auch direkt und für ihren Bereich umfassend auf den gesamten Raum der konkreten Gegenstände sowie einzelnen Dinge.

Allerdings hat sich der Umfang der von der Philosophie in ihre Untersuchung einbezogenen Teilgegenstände im Lauf der geschichtlichen Entwicklung verringert. Die Reichweite der Philosophie ins Konkrete, das heißt die relative Konkretheit der philosophischen Gegenstände und damit des philosophischen Erkenntnisraums hat abgenommen. Während etwa Newton seine Gesetze noch als Erkenntnisse der *philosophia naturalis*, der Naturphilosophie formulierte, sehen wir diese Erkenntnisse heute als Teil der Physik an, weil sie sich auf die Materie beziehen. Die Einzelwissenschaften haben sich also zu Lasten der Philosophie einen größeren Erkenntnisbereich erobert. Das zunehmende Bedürfnis nach interdisziplinärer Zusammenarbeit – welches auch die Philosophie befriedigen muss – zeigt allerdings, dass diese Entwicklung neben unbestreitbaren Vorteilen auch Nachteile hat, weil sich eine vollständige Scheidung der Gegenstände ohne wechselseitige begriffskonstituierende Abhängigkeit tendenziell umso schwerer durchführen lässt, je abstrakter sie sind.

Auch die Einzelwissenschaften selbst sind Teil der Gesamtheit der Gegenstände der Welt und damit Teil des Untersuchungsgegenstands der Philosophie. Die Philosophie entfaltet dabei wegen der Allgemeinheit ihres Gegenstands eine doppelte Perspektive: Zum einen sind – wie sich soeben ergab – die abstrakten Gegenstände der Einzelwissenschaften direkte Objekte der Philosophie, sodass sich die Philosophie, wenn auch vermittelt über diese abstrakten Gegenstände der Einzelwissenschaften, zusätzlich auf deren konkretere Gegenstände bezieht. So richtet sich die Suche nach Einsicht der Philosophie unter anderem auf den Menschen und vermittelt durch die Psychologie, Medizin, Biologie, Soziologie und Geschichte auch auf einzelwissenschaftliche Erkenntnisse vom Menschen. Zum anderen sind aber auch die Einzelwissenschaften selbst mit ihren Begriffen, Urteilen, Sprachen, Methoden, Theorien und Systemen direkter Gegenstand der allgemeinen Strukturperspektive der Philosophie, also etwa die grundlegenden Begriffe und Theorien der Mathematik und Physik in der Philosophie der Mathematik und Physik sowie die Einzelwissenschaften als solche in der Wissenschaftstheorie. Wegen des ersten Gesichtspunkts geht die Philosophie notwendig über eine bloße Wissenschaftstheorie der Einzelwissenschaften hinaus. Wegen des zweiten Gesichtspunkts enthält die Philosophie notwendig eine solche Wissenschaftstheorie der Einzelwissenschaften.

Was bedeutet das Merkmal der relativen, aber gleichzeitig weitestgehenden Allgemeinheit bzw. Abstraktheit der Gegenstände der Philosophie genauer? Es bedeutet, dass die von der Philosophie untersuchten und verwandten Begriffe und Urteile einen sehr großen bzw. größten Umfang aufweisen; oder mit Bezug auf die Dinge und Tatsachen der Welt (extensional) ausgedrückt: dass die Klassen von Dingen und Tatsachen, die als Gegenstand der Philosophie überhaupt in Frage kommen, sehr groß sind, das heißt, jeweils sehr viele bzw. im Extremfall eines einzigen abstraktesten Begriffs sogar alle möglichen Elemente einschließen.

4. Was ist das *Ziel* der philosophischen Suche nach Erkenntnis? Das der Philosophie eigentümliche *Ziel* besteht in einer vergleichsweise *umfassenderen bzw. allgemeineren (abstrakteren), das heißt dann im Ergebnis – falls es so etwas gibt – umfassendsten bzw. allgemeinsten Erkenntnis aller einzelnen Gegenstände und aller Verknüpfungen aller einzelnen Gegenstände, das heißt aller Strukturen bzw. der allgemeinen Struktur der Welt (einschließlich des Extremfalls einer völligen Verneinung jeder Struktur).*

Diese Untersuchung setzt ein geistiges Zurücktreten, ein weitestmögliches Öffnen des Blicks voraus. Wie beim räumlichen Zurücktreten ist damit eine umfassende Erkenntnis, eine größtmögliche Ausweitung des Horizonts der Erkenntnis verbunden. Dabei meint »umfassend« nicht »vollständig« im Sinne einer vollzähligen und gleichen Berücksichtigung aller einzelnen Gegenstände unserer Erkenntnis oder gar aller einzelnen Dinge der Welt. Die Philosophie bezieht sich nur auf die allgemeineren bzw. abstrakteren Gegenstände direkt. Konkretere Gegenstände und einzelne Dinge sind für die Philosophie dagegen lediglich vermittelt durch die Einzelwissenschaften und anderen Erkenntnisarten zugänglich und bedeutsam. Die Philosophie sucht also nur einen weitestmöglichen *Rahmen* aller einzelnen Erkenntnisse, wobei »Rahmen« zunächst nur heißt: nicht bloße Addition der einzelnen Gegenstände und nicht bloße Reduktion auf den Gegenstand einer Einzelwissenschaft oder einzelnen Erkenntnis.

Die Tiefe des direkten Bezugs und damit des umfassenden Rahmens der Philosophie ist historisch variabel. Sie hat, wie bereits erwähnt wurde, im Verlauf ihrer Geschichte und parallel zur Beschränkung auf allgemeinere Gegenstände abgenommen. Die antike Philosophie enthielt außer der Mathematik und der Medizin noch praktisch alle Wissenschaften im heutigen Sinne. Sie schloss sich also als Universalwissenschaft wie ein breiter Ring um die Mathematik, die Medizin und die Erkenntnisse des Alltags. Im Fortgang der Jahrhunderte verließen dann immer mehr Einzelwissenschaften die Philosophie. Die Philosophie kann deshalb heute nurmehr einen schmalen Rahmen formen, der die stärker spezialisierten Untersuchungen und Ergebnisse der Einzelwissenschaften und anderen Erkenntnisarten ergänzt. Eine nicht unwesentliche Funktion dieser Ergänzung liegt in ihrer Förderung einer interdisziplinären Zusammenarbeit der Einzelwissenschaften.

Das spezifische Ziel der Philosophie erfordert die Zusammenfassung der unterschiedlichsten Fragen, Gegenstände und Probleme der anderen Erkenntnisformen. Diese Zusammenfassung nötigt insbesondere auch zu einer umfassenden *Selbstbetrachtung* des Menschen und seiner Stellung in der Welt. Die Philosophie ist also in hohem Maße auch *Selbstaufklärung* des Menschen. Die von Sokrates aufgenommene Maxime des delphischen Orakels »Erkenne dich selbst!« ist ein Ausdruck dieser Suche nach Selbstaufklärung. Sokrates – wie er in einigen Frühdialogen Platons gezeichnet wird – bringt die unreflektierte Selbstgewissheit seiner Gesprächspartner hinsichtlich abstrakter Begriffe ins Wanken, zum Beispiel im Dialog *Eutyphron* bezüglich des Begriffs der Frömmigkeit, im Dialog *Laches* bezüglich des Begriffs der Tapferkeit, im Dialog *Charmides* bezüglich des Begriffs der Besonnenheit usw.

5. Was sind die *Mittel* bzw. *Methoden*, deren sich die Philosophie als soziales und historisches Phänomen zur Erreichung ihres Ziels der umfassenden bzw. abstrakten Einsicht in alle Gegenstände und

alle Verbindungen dieser Gegenstände bedient bzw. bedient hat? Das erste und wichtigste Mittel, das sich ohne Zweifel konstatieren lässt, ist die Einnahme einer möglichst weiten und gleichzeitig vielgestaltigen Perspektive, welche die umfassende Erkenntnis der abstraktesten Gegenstände erlaubt. Diese möglichst weite und gleichzeitig vielgestaltige Perspektive der Philosophie schließt eine grundsätzliche Beschränkung ihrer Einsichtsmittel auf eine einzige bestimmte Quelle der Erkenntnis aus, etwa auf die sinnliche Wahrnehmung oder die Vernunft. Die Philosophie kann prinzipiell aus allen Quellen schöpfen und hat dies in ihren vielfältigen Ausprägungen getan. Ihr Ziel legt sie nicht von vornherein fest (zu einer gewissen Einschränkung in Abgrenzung zu den transzendenten Quellen der Religion und Theologie siehe das nächste Kapitel). Einzelne philosophische Fragen können allerdings zur Bevorzugung mancher Quellen führen, wie etwa der Bevorzugung der folgernden Vernunft in der formalen Logik oder der Berücksichtigung auch empirischer Erkenntnisse im Rahmen der Einsicht in konkretere Phänomene wie den Menschen, die Kunst oder die Politik. Die klassischen Unterscheidungen der Erkenntnismethoden wie diejenige zwischen apriorischer und aposteriorischer und zwischen analytischer und synthetischer Erkenntnis können im Hinblick auf einzelne Fragen hilfreich sein. Sie sind der Philosophie aber durch ihren Gegenstand und ihr Ziel nicht von vornherein methodisch vorgegeben, sondern selbst Gegenstand philosophischer Erörterung bzw. Begründung. Der spezifische Gegenstand aller Strukturen und das spezifische Erkenntnisziel der umfassenden Perspektive der Philosophie erklären allerdings deren nicht zu bezweifelnde, da bei den meisten Philosophierenden zu beobachtende Tendenz zu nicht-sinnlichen, also rationalen, das heißt tendenziell eher apriorischen und analytischen Methoden der Vernunft, etwa solchen der Begriffsbestimmung, des methodischen Zweifels, der transzendentalen Analyse, des Gedankenexperiments usw.

Die Begriffe und Urteile der Philosophie sind wegen ihrer weitestmöglichen und vielfachen Perspektive weder ausschließlich *einteilend* (klassifikatorisch, qualitativ, Bsp.: lebend oder tot, wahr oder falsch), noch ausschließlich *abstufend* (komparativ, graduell, Bsp.: besser oder schlechter) oder *quantitativ* (Bsp.: bestimmte Temperatur, etwa 20 Grad Celsius). Für die Philosophie gilt zwar ebenfalls, was für die einzelnen Wissenschaften gilt: Der Übergang von nur einteilenden über abstufende zu quantitativen Begriffen und Urteilen verspricht grundsätzlich einen Gewinn an Exaktheit und damit an Erkenntnis. Aber Exaktheit kann – wie noch erläutert werden wird – nicht der alleinige Maßstab guten Philosophierens sein. Andere Ziele drohen sonst verfehlt zu werden.

Wegen ihrer weitestmöglichen Perspektive reduziert die Philosophie schließlich anders als manche einzelne Wissenschaften ihre Erkenntnismittel nicht eindeutig auf *beschreibende* (deskriptive), *bewertende* (evaluative) oder *vorschreibende* (präskriptive, normative) Begriffe, Urteile und Theorien bzw. entsprechende sprachliche Mittel, also Wörter, Sätze und Theoriedarstellungen. Während etwa die Biologie oder die Soziologie in weiten Teilen beschreibend ist, zeigen sich in der Philosophie sowohl Beschreiben als auch Bewerten und Vorschreiben als Sprachfunktionen, Letzteres etwa in der Normativen Ethik. Das bedeutet nicht, dass einzelne Subdisziplinen der Philosophie nicht stärker beschreibend wären, wie die Theoretische Philosophie, während andere stärker bewertend und vorschreibend sind, wie die Praktische Philosophie und dort vor allem die Normative Ethik. Aber zum einen handelt es sich bei diesen Subdisziplinen wiederum nur um Teile der Philosophie als Ganzes mit ihrem einheitlichen Ziel der umfassenden Erkenntnis aller Strukturen der Welt. Lediglich aus Gründen der Praktikabilität hat man diese Subdisziplinen verselbständigt (vgl. Kapitel X.). Und zum anderen sind selbst diese Teile der Philosophie jeweils nicht strikt und ausschließlich beschreibend, bewertend oder vorschreibend. So enthält etwa die Ethik auch deskriptive Anteile.

Die Vielfalt ihrer Fragen, Formen, Werke und Epochen überrascht jeden mit der Philosophie Beginnenden – und sie beunruhigt. Diese Beunruhigung wandelt sich jedoch schnell in Befreiung, führt man sich die Möglichkeiten dieser Vielfalt vor Augen. Sie ermöglicht das Öffnen des Blicks und wird zugleich durch dieses Öffnen des Blicks ermöglicht. Zweieinhalbtausend Jahre des Philosophierens zeigen: Die Philosophie überschreitet alle geschlossenen und partikularen Systeme, wie die Systeme der Mathematik, der Linguistik oder der Physik. Sie überschreitet aber auch zeitliche, räumliche und kulturelle Bedingungen und Beschränkungen. Die Tatsache, dass sich das griechische Lehnwort »*philosophia*« soweit ersichtlich in vielen wichtigen Sprachen und Kulturen eingefügt und bis heute erhalten hat, spricht wie bei anderen Lehnworten, etwa »Energie«, »Politik« oder »Demokratie«, gegen einen kulturellen Relativismus und für eine übergreifende Kontinuität des Begriffskerns über Zeiten und Räume hinweg.

Ein Weg zur philosophischen Selbstbetrachtung und Selbstaufklärung des Menschen in der Welt kann der methodische Zweifel an allem und jedem sein, wie ihn Descartes in seinem *Discours de la Méthode* und seinen *Meditationes* formuliert hat. Dabei muss allerdings das Wort »methodisch« betont werden. Der Zweifel ist lediglich ein Mittel zum Zweck der umfassenden Selbstbetrachtung und Selbstaufklärung der Philosophie. Ob dieser methodische Zweifel dann in einen endgültigen Zweifel, also eine skeptische Auffassung mündet, ist eine andere, vom methodischen Einsatz des Zweifels unabhängige Frage des Ergebnisses der philosophischen Tätigkeit. Sie kann sich erst im Lauf des sachlichen Philosophierens entscheiden.

Wie sind die Erkenntnismittel bzw. die Methoden der Philosophie weiter zu bestimmen? Diese Frage wird Gegenstand der weiteren Kapitel VI.–VIII. sein.

6. Ein wesentlicher Aspekt der Gewinnung umfassender Einsicht in alle Strukturen liegt zum einen dieser Untersuchung zugrunde und ist zum anderen zumindest in seiner radikalen Form für die Philosophie spezifisch: Die Philosophie ist nicht nur, aber immer auch *selbstbetrachtend, selbstaufklärend, selbstkritisch, selbstreflexiv,* kurz und zusammenfassend: *Sie bedenkt auch ihr eigenes Tun.* Dies geschieht etwa, indem sie die Was ist?-Frage selbst noch einmal reflektiert. Sie fragt also auch: Was ist die Was ist?-Frage? Oder anders formuliert: Welche spezifische Aufgabe kommt gerade diesem Fragetyp gegenüber anderen Fragetypen zu?

Die Notwendigkeit dieser Selbstaufklärung der Philosophie folgt dabei schon aus ihrem besonderen Gegenstand, das heißt allen Gegenständen und Verbindungen bzw. allen Strukturen der Welt. Wenn alle Gegenstände und Verbindungen Gegenstand der Philosophie sind, so umfasst dieser spezifische Gegenstand der Philosophie notwendig auch das Philosophieren selbst. Die Notwendigkeit der Selbstaufklärung ergibt sich überdies aus dem Ziel der Philosophie: Die Einsicht in alle Gegenstände und Verbindungen ist nur umfassend, wenn sie auch die Selbstaufklärung der Philosophie einschließt. Weiterhin ist die Selbstaufklärung auch ein spezifisches Mittel der Philosophie, um ein möglichst hohes Maß an Reflexion zu erreichen und nicht in Naivität und Eingeschränktheit zu verharren.

Die einzelnen Wissenschaften erheben zwar ebenfalls erkenntnis- und sprachkritische Fragen. Dabei handelt es sich aber regelmäßig um begrenzte methodische Vorüberlegungen. Sie stellen im Normalfall nicht, oder jedenfalls nicht dringlich, systematisch und grundsätzlich die Einsichtsmöglichkeit ihres eigenen Fachs in Frage. Ein Lehrbuch der Physik oder eine physikalische Vorlesung beginnt nicht mit eingehenden Erörterungen, ob die Physik überhaupt zu Erkenntnissen fähig ist. Und wenn sie es tun, sind derartige Vorüberlegungen Teil einer Philosophie oder Theorie der Physik und nicht mehr der Physik als Einzelwissenschaft mit ihren Erkenntnisgegenständen der Energie und Materie.

Für das Verständnis konkreter Gegenstände oder gar einzelner Dinge erscheint es uns regelmäßig noch viel weniger nötig, unsere Suche nach Erkenntnis grundsätzlich in Frage zu stellen. Denn bei konkreten Gegenständen oder einzelnen Dingen sehen wir den Einfluss unserer Art und Weise der Erkenntnis als gering an. Kein Mensch bei Verstand wird der Untersuchung, welche Eigenschaften Eichen als Art haben oder gar welche Eigenschaften eine einzelne Eiche aufweist, grundsätzliche und umfangreiche erkenntniskritische Überlegungen vorausschicken.

Die großen Werke der Philosophie sind dagegen in weiten Teilen oder gelegentlich sogar zur Gänze Selbstbetrachtungen einzelner Aspekte der Philosophie, das heißt ihres Gegenstands, ihres Ziels und ihrer Mittel. Platon hat etwa der von vornherein selbstgewissen, aber deshalb nur scheinhaften Erkenntnis der Sophisten die selbstkritisch eingeschränkte, bloße *Suche* der Philosophen nach Einsicht entgegengestellt, etwa in den Dialogen *Phaidros* und *Symposion*. Aristoteles' *Metaphysik* enthält in zentralen Teilen eine Selbstaufklärung des Philosophierens als Erste Philosophie. Descartes hat in seinem *Discours de la Méthode* das Denken der Philosophie radikal in Zweifel gezogen. Und in Kants *Kritik der reinen Vernunft* bestimmt die Vernunft ihre eigenen Grenzen. Kant kritisiert Anmaßungen der klassischen dogmatischen Metaphysik, etwa die philosophischen Gottesbeweise. Hegel verfolgt in seinem System die Selbstaufklärung des Denkens vom subjektiven über den objektiven bis hin zum absoluten Geist. Wittgenstein schließlich gelangt am Ende seiner *Logisch-philosophischen Abhandlung* zu der radikal skeptischen Auffassung, die Philosophie bestehe darin, nachzuweisen, dass jemand, der etwas Metaphysisches sage, gewissen Zeichen in seinen Sätzen keine Bedeutung gegeben habe.

Das Erfordernis der Selbstaufklärung des Philosophierens gilt dabei nicht für jeden einzelnen Satz, jedes einzelne Argument oder jede einzelne Folgerung einer philosophischen Erörterung. Innerhalb derart kleiner Formen des Sprechens ist es kaum möglich, gleichzeitig zu philosophieren und sich selbstreflektierend auf dieses Philosophieren zu beziehen. Aber innerhalb größerer Sprach- und Erkenntniszusammenhänge, wie umfangreicher Texte, Bücher, Werke, Diskussionen oder gar der gesamten Praxis aller Philosophierenden ist eine derartige Selbstreflexion nicht nur ohne Widerspruch möglich. Sie ist zur Abgrenzung von anderen, weniger umfassenden Formen der Suche nach Erkenntnis auch notwendig.

Man mag einwenden: Die Philosophie bleibt nutzlos, sofern sie sich nur mit sich selbst befasst. Alle Vorurteile gegenüber der Philosophie als einer bloßen l'art-pour-l'art-Beschäftigung erscheinen bestätigt. Dieser Einwand wäre vollkommen berechtigt, wäre ihre Selbstbetrachtung das alleinige oder auch nur wesentliche Ziel der Philosophie oder die alleinige oder auch nur wesentliche Methode und damit ihr einziger und damit zentraler Unterschied im Verhältnis zu anderen Arten der Erkenntnis. Sie benötigt, soll sie eine respektable Art der Suche nach Erkenntnis sein, eine weitergehende Aufgabe. Ihre Selbstaufklärung darf nur ein, wenn auch notwendiger Teil des Wegs zum letzten und somit entscheidenden Gegenstand bzw. Ziel der philosophischen Suche nach Erkenntnis in Abgrenzung zu anderen Formen der Suche nach Erkenntnis sein, nämlich die Gesamtheit aller einzelnen Gegenstände und Verbindungen, also in einem sehr spezifischen Sinn alle Strukturen bzw. die allgemeine Struktur der Welt zu untersuchen.

7. Alle bisher gefundenen Antworten auf die Frage nach dem Eigentümlichen der Philosophie stehen zueinander in Beziehung:

Die Richtung auf die allgemeinsten Gegenstände und die Umfassendheit des Erkenntnisziels bedingen sich wechselseitig. Allgemeine Gegenstände können nur aus der Distanz einer umfassenden Erkenntnis eingesehen werden. Ihr Verständnis erfordert den unbeschränkten Blick aus der Ferne. Umgekehrt kann sich umfassende Erkenntnis nur durch den direkten Bezug auf allgemeinere Gegenstände konstituieren. Die Allgemeinheit der Gegenstände führt zur Allgemeinheit der Begriffe und Urteile und damit der Umfassendheit der philosophischen Erkenntnis. Die Allgemeinheit der Gegenstände und die Umfassendheit des Erkenntnisziels erfordern eine weitestmögliche und gleichzeitig vielgestaltige Perspektive und damit die prinzipielle Offenheit der Mittel bzw. Methoden. Die Philosophie darf schließlich – will sie wirklich umfassend sein – nicht nur andere Gegenstände in den Blick nehmen. Sie muss sich auch auf sich selbst als Erkenntnisbemühung und relativ allgemeinen Gegenstand der Welt beziehen. Die umfassende Erkenntnis der Philosophie erfordert ihre Selbstaufklärung.

Die vier besonderen Merkmale der Philosophie, die Allgemeinheit ihres Gegenstands, die Umfassendheit bzw. Allgemeinheit ihres Ziels, die prinzipielle Vielgestaltigkeit und Offenheit ihrer Mittel bzw. Methoden und die Notwendigkeit ihrer Selbstaufklärung, sind im Verhältnis zu anderen Formen der Suche nach Erkenntnis *keine klassifikatorischen*, sondern nur *graduelle* Eigenschaften. Sie sind also keine strikt einteilenden, sondern lediglich abstufende Bestimmungen. Das hat zur Folge, dass die Differenzierung zwischen der Philosophie und anderen Arten der Suche nach Erkenntnis nicht auf der Grundlage strikt einteilender, sondern nur auf der Basis abstufbarer Eigenschaften erfolgen kann. Unsere Suche nach Einsicht in die Welt ist eine einheitliche, weil auf die Gesamtheit der Gegenstände in der Welt bezogene. Und jede Erkenntnisart steuert nach ihrem Vermögen einen Teil zum Ganzen der Welterkenntnis bei. Absolute Grenzen zwischen einzelnen Erkenntnisarten sind diesem allgemeinen Ziel unserer Suche nach Erkenntnis nicht adäquat.

Dennoch ist eine praktische Unterscheidung verschiedener Erkenntnisarten möglich und sinnvoll. Bei einem Sonnenuntergang lässt sich der Wechsel von Tag und Nacht nicht genau bestimmen. Dennoch sind wir sicher, dass es Tag und Nacht gibt. Und wir sind in der Lage, fast alle Zeitpunkte innerhalb von 24 Stunden Tag und Nacht zuzuordnen. Ebenso können wir trotz einer gewissen Unbestimmtheit der Grenzziehung mit Sicherheit sagen, dass zum Beispiel eine vereinzelnde, empirische und ihre Erkenntnismöglichkeiten nicht reflektierende Untersuchung einer einzelnen Eiche ausschließlich Sache der Biologie, Forstwissenschaft oder möglicherweise sogar nur Forstwirtschaft ist, nicht aber Teil der Philosophie. Zur Philosophie gehört dagegen sicher eine umfassende, methodenoffene und selbstkritische Untersuchung der Erkenntnis als Ganzer. Eine klare Abgrenzung zwischen Philosophie und Einzelwissenschaften ist jedenfalls dann möglich, sofern man den Begriff der Philosophie in einem gegenständlich eingeschränkten, nicht auf eine gewisse Vollständigkeit der direkten Erkenntnis konkreter Gegenstände zielenden Sinn versteht, also in einem Sinn, wie er sich in der Neuzeit gegenüber der partiellen mittelalterlichen und frühneuzeitlichen Auffassung der Philosophie als Universalwissenschaft durchgesetzt hat.

Der abstufende Charakter der vier Abgrenzungsmerkmale der Philosophie erlaubt es, dass sie sich hinsichtlich ihres Grades der Verwirklichung *teilweise* wechselseitig ersetzen können. So mag etwa eine Untersuchung nicht ganz so allgemeiner Phänomene, etwa der Phänomene des Zweifels, Neids oder Ekels, eine philosophische und nicht psychologische oder neurowissenschaftliche, also keine einzelwissenschaftliche sein, sofern diese Untersuchung mit einem umfassenden Erkenntnisziel, methodenoffen und einem hohen Maß an Selbstkritik durchgeführt wird.

Allerdings lassen sich die vier notwendigen Merkmale der Philosophie *nicht vollständig* wechselseitig ersetzen. Dies ist eine Folge ihrer Notwendigkeit. Die bloße direkte Untersuchung einer einzelnen Eiche, also eines einzelnen Dings, wird auch durch das umfassendste Erkenntnisziel, die weitestgehende Methodenoffenheit und die größte Selbstaufklärung nicht zu einer philosophischen. Und eine strikt beschreibend-empirische Untersuchung, also eine Untersuchung mit einem nichtumfassenden Ziel und einer nicht vollkommen methodenoffenen Perspektive, kann sich auch durch die Wahl eines relativ allgemeinen Gegenstands und das größte

Maß an Selbstreflexion nicht zu einer philosophischen wandeln. Schließlich ist auch eine größere Untersuchung eines allgemeinen Gegenstands ohne jede zumindest implizite Selbstbetrachtung des eigenen Vorgehens oder wenigstens einen Bezug auf die allgemeine Selbstbetrachtung der Philosophie keine wirklich philosophische. Erkenntnis und Perspektive bleiben ohne Selbstkritik eingeschränkt.

Eine erste, zusammenfassende Antwort auf die Frage nach dem Phänomen der Philosophie und damit nach der Aufgabe der Philosophie als Teil unserer Suche nach Erkenntnis der Welt lautet also: *Die Philosophie ist die auf die Gesamtheit aller einzelnen Gegenstände und ihrer Verbindungen, also alle Strukturen bzw. die allgemeine Struktur der Welt und damit die allgemeinsten Gegenstände gerichtete, in ihrem Erkenntnisziel möglichst umfassende bzw. allgemeine, in ihren Mitteln und Methoden offenste und vielgestaltigste, ihr eigenes Tun am grundsätzlichsten bedenkende Suche nach Erkenntnis sowie deren mögliche Ergebnisse.*

8. Welcher Status kommt der soeben vorgeschlagenen Bestimmung der Philosophie zu? Zu welcher Einsicht führt die Selbstreflexion auf diese Bestimmung? Alle Merkmale der Philosophie sind zumindest in einem relativen Sinne begrifflich notwendig. Allerdings in unterschiedlicher Ausprägung: Die beiden oben in Kapitel II. zuerst genannten Eigenschaften der Philosophie als menschliches Tätigsein bzw. Handeln und als Suche nach Erkenntnis sind *einteilend*, das heißt *klassifikatorisch* (jedenfalls sofern man »Suche« nicht graduell versteht). Für die weiteren Merkmale der Allgemeinheit des Gegenstands, der Umfassendheit des Ziels, der Methodenoffenheit und der Selbstbetrachtung gilt das nicht. Sie sind sowohl intern als auch extern *abstufbar*, untereinander und gegenüber den vergleichbaren Eigenschaften anderer Arten der Suche nach Erkenntnis.

Der Unterschied hat zur Folge, dass die beiden grundlegenden Erfordernisse des menschlichen Handelns und der Suche nach Erkenntnis bei jedem einzelnen Philosophieren und bei jeder und jedem einzelnen Philosophierenden begrifflich notwendig vorliegen. Die weiteren spezifischen Erfordernisse der Allgemeinheit des Gegenstands, der Umfassendheit des Ziels, der Methodenoffenheit und der Selbstaufklärung lassen sich dagegen nicht in gleichem Maße für jedes einzelne Philosophieren und jeden Philosophierenden fordern. In philosophischen Fachzeitschriften veröffentlichte Beiträge beziehen sich etwa auf hochspezialisierte Gegenstände. Sie gewinnen ihren philosophischen Charakter dann als Teil der allgemeinen philosophischen Suche nach Einsicht. Allerdings stellt sich die Frage, ob eine philosophische Problembehandlung nicht auch in jedem umfangreicheren Text zumindest ein gewisses Maß an Allgemeinheit des Gegenstands, Umfassendheit des Erkenntnisziels, Methodenoffenheit und Selbstaufklärung erwarten lassen müsste. Fasst man sämtliche Einschränkungen zusammen, wird man die vier notwendigen Merkmale lediglich für längere Publikationsformen und die gesamte Praxis des Philosophierens als begrifflich notwendig ansehen können.

9. Allerdings erscheint es außerordentlich irreführend, wie es gelegentlich geschieht, die Selbstbetrachtung der Philosophie disziplinär zu verselbständigen und als »Metaphilosophie« oder gar als »Philosophiephilosophie« zu bezeichnen. Die Selbstbetrachtung der Philosophie ist nicht lediglich Bedingung, sondern selbst notwendiger Teil der Philosophie. Und zwar aus zwei Gründen, einem inneren, zielorientierten und einem äußeren, praktischen:

Erstens: Die Selbstaufklärung des Philosophierens kann nicht jenseits oder vor der Philosophie liegen, weil die Philosophie selbst das begrifflich notwendige Ziel der umfassendsten Einsicht hat. Es ist ihr gegenüber deshalb – jedenfalls in der immanenten Welt – unmöglich, eine umfassendere, abtrennbare Metaperspektive einzunehmen. Die Philosophie unterscheidet sich darin von allen anderen Disziplinen. So gibt es etwa eine Metamathematik bzw. Philosophie der Mathematik, aber keine Philosophie der Philosophie, sofern damit nicht nur die Aufklärung der Philosophie über sich selbst, sondern eine verselbständigte Disziplin gemeint sein soll, welche einen eigenen Gegenstand voraussetzt.

Zweitens: Man würde andernfalls in einen unendlichen Regress der Reflexionsdisziplinen der Philosophie geraten. Anders als bei anderen Fächern wäre dieser Regress dann auch nicht durch die Philosophie als möglichst umfassender Reflexionsdisziplin begrenzt. Jede Reflexionsdisziplin der Philosophie würde eine weitere philosophische Reflexionsdisziplin erfordern. Logisch ist das zwar möglich, praktisch aber wenig sinnvoll. Disziplinäre Einteilungen unserer Erkenntnis dürfen nun nicht nur nicht gegen die Regeln der Logik verstoßen. Sie müssen auch praktischen Zwecken folgen. Sie realisieren aus der Menge des logisch Möglichen das praktisch Sinnvolle. Sie dürfen nicht in einen praktisch sinnlosen Zirkel führen.

10. Als Beispiel für die vier Eigentümlichkeiten der Philosophie mag die Frage »Was ist der Mensch?« der philosophischen Anthropologie dienen. Einzelwissenschaften wie die Biologie, Medizin, Psychologie, Soziologie oder Geschichte reduzieren die Frage nach dem Menschen auf bestimmte Gesichtspunkte: die Biologie auf den Körper und seine evolutionäre Entwicklung, die Psychologie auf die Seele bzw. die Persönlichkeit und ihre Therapie, die Medizin auf Erkrankungen des Menschen und ihre Behandlung, die Soziologie auf die sozialen Beziehungen des Menschen, die Geschichte schließlich auf historische Ereignisse und Verläufe. Die philosophische Anthropologie versucht dagegen, den Menschen in seiner gesamten Stellung in der Welt, also in all seinen notwendigen Eigenschaften und Verhältnissen zu verstehen. Dabei sind für eine umfassende und methodenoffene philosophische Einsicht die einzelwissenschaftlichen Erkenntnisse und alltäglichen Beobachtungen unabdingbar. Die Philosophie unternimmt es also, unser einzelnes Wissen des Menschen zu verbinden und mit einer allgemeinen Einsicht in die Welt zusammenzuführen. Sie schafft einen umfassenden Rahmen unserer Selbst- und Fremdeinschätzung als Menschen in der Welt. Die klassische philosophische Frage, ob der Mensch von Natur aus gut oder böse ist, vereint etwa die Aspekte der Untersuchung der Seele, des Körpers, der gesellschaftlichen Stellung und der geschichtlichen Entwicklung des Menschen.

Der philosophische Rahmen ist nicht bloß die Summe aller einzelnen Erkenntnisse der Welt. Sonst wären Philosophie und einzelwissenschaftliche sowie alltägliche Erkenntnis der Welt gleich. Wie ein Bilder- oder Fahrradrahmen ist der philosophische Rahmen aber indirekt mit allen Erkenntnissen der Welt verbunden. Dieser Rahmen hat ein gewisses Maß an Selbständigkeit. Aber die einzelwissenschaftlichen und sonstigen Erkenntnisse lassen sich aus ihm nicht logisch-deduktiv ableiten. Der philosophische Rahmen kann Gründe liefern, nicht aber allein begründen.

Die Philosophie ist wie das Dach eines Zeltes. Die Stangen des Zeltes gleichen dem einzelnen Wissen. Das Dach des Zeltes kann nicht ohne die Stangen stehen. Aber auch die Stangen bedürfen des Dachs, um ein Zelt zu formen und nicht isoliert zu verharren. Ebenso ist der philosophische Rahmen vom einzelnen Wissen abhängig. Aber auch alles einzelne Wissen bedarf – zwar nicht in seiner Tatsächlichkeit als einzelnes, aber doch zur Verbindung mit einer allgemeinen Erkenntnis aller Strukturen – des Zusammenhangs mit allem anderen Wissen, also des philosophischen Rahmens. Die Abhängigkeit ist wechselseitig, aber asymmetrisch: Die Philosophie erkennt den umfassenden Zusammenhang, das einzelne Wissen den Bezug auf die konkreten Gegenstände sowie individuellen Dinge und Tatsachen der Welt.

Der philosophische Rahmen ist im Vergleich zu den einzelwissenschaftlichen Gegenständen und entsprechend auch den einzelwissenschaftlichen Erkenntnissen tendenziell weniger variabel, weil er neben allen einzelnen Gegenständen auch alle Veränderungen umfassen muss.

Der philosophische Rahmen ist nicht naheliegend, also alltäglich vertraut, denn die Allgemeinheit des Gegenstands, die Umfassendheit des Ziels, die Methodenoffenheit und die Selbstbetrachtung stellen andere Anforderungen an unsere Abstraktions- und damit Einsichtsfähigkeit als die lebenspraktische, aber auch einzelwissenschaftliche Erkenntnis konkreter Gegenstände bzw. einzelner Dinge. Der Begriff der Philosophie kann also zunächst immer nur vorsichtig und bescheiden die *Suche* nach Einsicht voraussetzen. Er kann wie alle anderen Formen der Suche nach Erkenntnis die Ergebnisse dieser Suche nicht schon als sicher oder auch nur wahrscheinlich annehmen.

11. Der Inhalt des Wollens und der Ziele, die menschliches Handeln begleiten und bestimmen, ist regelmäßig weder logisch noch faktisch-extern notwendig. Allein das allgemeine Ziel der Erhaltung des Lebens nötigt faktisch alle Menschen – es sei denn, sie suchten den Tod – zur Fassung bestimmter Entschlüsse und zur Verfolgung bestimmter Ziele, etwa zur Beschaffung von Nahrung und Klei-

dung. Dieses allgemeine Ziel, sein Leben zu erhalten, setzt auch eine minimale Erkenntnis als Mittel voraus, etwa das Wissen um das Auffinden von Wasser oder das Entzünden von Feuer.

Philosophieren ist nun mit Sicherheit kein Handeln, das in diesem Sinn als besondere Form von Erkenntnis *notwendig* zur Erhaltung des Lebens ist. Einzelne Menschen, aber auch ganze Völker und Kulturen konnten und können auf das Philosophieren im hier beschriebenen Verständnis verzichten und trotzdem ihr Leben erhalten – jedenfalls sofern man mit der allgemeinen Auffassung des Begriffs nicht jede Suche nach Erkenntnis als Philosophie ansieht.

Aber fragt nicht nahezu jeder Mensch jenseits der bloßen Lebenserhaltung, ob und wie es nach seinem Tod weitergeht, nach dem Sinn des Lebens, nach einer tieferen Dimension seines Daseins? Vermutlich ja. Das bloße Fragen ist jedoch – zumindest im Falle eines gewissen Standards begrifflicher Trennschärfe – noch kein Philosophieren, denn die Suche nach Antwort kann in Ziel und Methode divergieren. Sie kann etwa auch religiös oder esoterisch sein. Dann muss man sie – wie gleich noch näher zu erläutern sein wird – von einer philosophischen Suche nach Antwort unterscheiden. Sie kann aber auch in einer Verdrängung und Selbstberuhigung, in einem Aufgehen in den alltäglichen Lebensverrichtungen bestehen. Auch im Falle dieser Art und Weise der Beantwortung – oder besser: Nichtbeantwortung – wird man nicht von einem Philosophieren sprechen können.

Nur eine *ganz spezifische Form der Suche nach Antwort* auf derartige Fragen kann als eine *philosophische* angesehen werden. Diese ganz spezifische philosophische Form der Suche nach Antwort ist nun aber nicht anthropologisch notwendig. Sie findet sich deshalb auch nicht bei jedem Menschen. Sie *kann aber von jedem Menschen erworben und praktiziert werden. Jeder Mensch kann also philosophieren.* Ja, man muss hinzufügen, da die weitestgehende geistige Entfaltung des Menschen wertvoll für sein gutes Leben ist: Die ganz spezifische philosophische Form der Suche nach Antwort *sollte aus Gründen der Klugheit auch von jedem Menschen erworben und praktiziert werden. Jeder Mensch sollte also – zur Führung eines guten Lebens und seinen je eigenen Möglichkeiten gemäß – philosophieren.*

12. Zu philosophieren ist also als menschliches Handeln grundsätzlich nicht allgemein notwendig. Aber ein Fehlschluss wäre es, daraus zu folgern, die Philosophie sei in ihrem Ziel beliebig und habe deshalb keine wenigstens relativ allgemeine bzw. objektive Aufgabe. Zwar kann man darauf verzichten, in bestimmter Art und Weise zu handeln. Entschließt man sich aber, so und nicht anders zu handeln, also etwa zu philosophieren, so ergibt sich aus der notwendigen Einfügung jedes menschlichen Handelns in eine natürlich und kulturell bestimmte und begrenzte Welt eine gewisse relativ notwendige Bestimmung und Begrenzung dieses Handelns.

Wer an einer Weggabelung steht, ist zwar frei, einen der Wege zu wählen. Die Wahl eines der Wege bestimmt jedoch die Richtung und das Ziel seiner Schritte und führt notwendig zu weiteren Entscheidungen auf dem gewählten Weg, etwa an einer weiteren Weggabelung zu einer erneuten Wahl zwischen zwei Wegen oder der Umkehr (sog. Pfadabhängigkeit). Nach einer ersten, nicht notwendigen Entscheidung für ein einzelnes Handeln kann das »Wozu?« dieses Handelns also durch innere und äußere Tatsachen begrenzt und bestimmt sein. So auch bei der Philosophie. Auch bei ihr lässt sich schrittweise eine begrifflich relativ objektive bzw. allgemeine Aufgabe entwickeln. Im Verhältnis zu anderem Handeln bzw. Suchen nach Erkenntnis mit seinen Gegenständen, Zielen und Mitteln lassen sich der Gegenstand, das Ziel und die Mittel und so die Aufgabe bzw. der Begriff der Philosophie einsehen – zumindest sofern man ein hohes Maß ernsthafter Selbstreflexion sucht und sich nicht nur am erbaulichen, aber mit fortschreitendem Nachdenken immer schaler werdenden Verrätseln des Philosophiebegriffs erfreuen will.

Entschließen sich ein Mensch oder eine Gesellschaft jenseits der unmittelbaren Lebenserhaltung zur Suche nach weiterer Erkenntnis, etwa um mit Hilfe der Technik oder der einzelnen Wissenschaften ein gutes Leben zu führen, sowie entschließen sie sich darüber hinaus, zu philosophieren, und sind beide Entschlüsse nicht identisch oder teilidentisch, dann lässt sich prinzipiell in Abgrenzung zu diesen anderen Formen der Suche nach Erkenntnis eine relativ objektive bzw. allgemeine Aufgabe der Philosophie bestimmen.

Der auf diese Weise gewonnene Begriff der Philosophie ist dann wie jeder unserer Begriffe kein absoluter, das heißt von anderen Begriffen vollständig unabhängiger Begriff. Aber er ist doch im Gefüge unserer Begriffe ein relativ unveränderlicher und damit relativ objektiver und notwendiger, weil eine ganz spezifische Form von Erkenntnis bezeichnender: ein Begriff mit hoher, ja offenbar sogar höchster Beständigkeit im System unserer Begriffe.

Aber selbst sofern man von Grund auf skeptisch wäre und einen derartigen Unterschied in der Notwendigkeit der Begriffe allgemein oder speziell im Fall der Philosophie nicht anerkennen wollte, so bliebe doch das unbestreitbare historische Faktum des Philosophierens seit den Vorsokratikern über Platon und Aristoteles, das Mittelalter und die Neuzeit bis hin zur Gegenwart. Dieses Faktum kann prinzipiell wie alle anderen Fakten Gegenstand unserer Erkenntnis sein. Wenn Begriffe nun aber als Werkzeuge unserer Erkenntnis zu etwas taugen sollen, dann müssen sie dazu taugen, diese Form der Suche nach Erkenntnis als Gegenstand von anderen Formen der Suche nach Erkenntnis als Gegenständen, etwa der Mathematik oder der Linguistik, abzugrenzen. Selbst wenn der Philosophiebegriff ein bloß oder hauptsächlich empirischer wäre, könnte und müsste somit der Versuch unternommen werden, ihn von anderen vergleichbaren Begriffen zu unterscheiden.

IV. Philosophie, Religion, Wissenschaft

Neben der Philosophie gibt es weitere Formen der Suche nach Erkenntnis mit einer umfassenden Perspektive.

1. Die Religion sucht ebenfalls nach umfassender Erkenntnis der Gesamtheit aller Gegenstände und Verbindungen. Insofern unterscheidet sie sich nicht von der Philosophie. Und die Theologie hat nach manchen ein vergleichbares Ziel. Allerdings haben sich die drei Formen der Suche nach Erkenntnis bzw. die drei Begriffe zumindest im westlichen Verständnis mittlerweile getrennt. Man muss also fragen, worin sie divergieren.

Philosophie, Religion und Theologie differenzieren sich in der *Konkretisierung ihrer Ziele* und dem *Einsatz bestimmter Mittel bzw. Methoden*, also dem zweiten und dritten Element jeder Suche nach Erkenntnis. Die Philosophie entfaltet ihre Suche nach Einsicht mittlerweile aus einer *diesseitigen, immanenten* Perspektive. Die Religion legt ihrer Suche nach Inspiration dagegen eine *jenseitige, transzendente* Perspektive zugrunde. Die Philosophie denkt etwa von der Welt zu Gott, die Religion von Gott zur Welt. Die diesseitige, immanente Perspektive der Philosophie stützt sich hauptsächlich auf unsere Vernunft und unsere Sinneswahrnehmung als Mittel. Die jenseitige, transzendente Perspektive der Religion findet ihre methodische Grundlage vor allem in der Offenbarung, traditionellen Glaubensgewissheiten, einem autoritativen Lehramt oder meditativer Selbstversenkung.

Der Unterschied zwischen diesseitiger und jenseitiger Suche nach Welterkenntnis und damit zwischen Philosophie und Religion liegt also nicht im Gegenstand der allgemeinen Struktur der Welt, sondern nur in der Konkretisierung des umfassenden Erkenntnisziels und den Mitteln bzw. Methoden zur Erreichung dieses Ziels. Beide Erkenntnisweisen der Welt können sich auf dieselben allgemeinsten Gegenstände beziehen, etwa Gott, die Seele oder den Menschen. Und sie haben das gleiche letzte Ziel der umfassenden Erkenntnis des Gesamten. Die Religionen kennen zum Beispiel Formen der Jenseitssuche oder Diesseitsbewältigung des Menschen aus einer transzendenten Perspektive, etwa mittels göttlicher Offenbarung. Die Philosophie versucht dagegen zum Beispiel, die Religiosität des Menschen aus einer immanenten Perspektive, also mit Hilfe von Vernunft und sinnlicher Erfahrung zu verstehen.

Religion ist allerdings nicht nur und vielfach nicht einmal vorrangig Suche nach Erkenntnis. Sie ist vor allem Glauben und religiöse Praxis. Deshalb ist ein wissenschaftliches Fach erforderlich, das im Hinblick auf die jenseitige Perspektive der Religion nach Erkenntnis sucht: die Theologie. Dabei lassen sich zwei Möglichkeiten oder Teile der Theologie als Wissenschaft unterscheiden, ein transzendenter und ein immanenter:

Soweit die Theologie sowohl Gegenstand und Ziel der Religion als Suche nach umfassender Erkenntnis der Welt als auch ihre Mittel bzw. Methoden übernimmt, also »heilige Lehre« (sacra doctrina) bzw. transzendente Theologie ist, unterscheidet sie sich wie die Religion von der Philosophie in ihrer jenseitigen Perspektive.

Soweit die Theologie sich dagegen philologisch, historisch, psychologisch oder sozialwissenschaftlich versteht, also einzelne religiöse Tatsachen in der Welt mit einem diesseitigen Erkenntnisziel und immanenten Methoden untersucht, etwa überlieferte Schriften, Verkündigungsereignisse oder religiöse Riten und Lebensformen, ist sie nach dem Verständnis mancher gar keine Theologie im engeren Sinn, sondern Religionswissenschaft. Als solche ist sie den entsprechenden Einzelwissenschaften vergleichbar und erhebt keinen Anspruch auf eine umfassende Erkenntnis der Gesamtheit aller Gegenstände und Verbindungen. Sie gerät dann nicht in Konkurrenz zur Philosophie mit ihrer umfassenden, wenngleich ebenfalls immanenten Perspektive auf die Welt. Der Rahmen der Philosophie ergänzt und umfasst auch die so verstandene Religionswissenschaft so, wie er die anderen Einzelwissenschaften ergänzt und umfasst.

Im siebten und sechsten Jahrhundert vor Christus brachen ionische Naturphilosophen wie Thales, Anaximander und Anaximenes zu einer zunehmend diesseitigen, vernünftig-empirischen und damit in ihrer Perspektive philosophischen Erkundung der Welt auf. An die Stelle des Mythos trat allmählich der Logos als Methode der Erkenntnis. Mehr als zweitausend Jahre hat die westliche Philosophie – viele Einschränkungen und Rückschläge überwindend – die Fackel dieser diesseitigen, vernünftig-empirischen Erkundung der Welt getragen. Dabei wurde die Grenze zwischen Philosophie und Religion bzw. Theologie nur langsam schärfer gezogen. Und sie wurde nicht selten überschritten, etwa durch manche Denker der Spätantike und des Mittelalters wie zum Beispiel Augustinus und Anselm v. Canterbury. Sie wurde aber ebenso häufig wieder befestigt, etwa bereits durch Thomas v. Aquin, vor allem aber durch viele Philosophen des 17. und 18. Jahrhunderts, etwa Descartes, Hobbes, Locke, Hume und Kant.

Man sollte allerdings bedenken: Die zunehmende Scheidung von transzendenter und immanenter Perspektive war und ist eine Besonderheit des westlichen Denkens – eine Scheidung, die allerdings mit der Globalisierung, oder präziser und ehrlicher: Verwestlichung, die Erde erobert. Das Denken anderer Kulturen hat diese Scheidung der Perspektiven und damit die Scheidung von Religion und Philosophie gar nicht, nicht so früh oder zumindest nicht in gleichem Maße vollzogen. Der Buddhismus und der Hinduismus sind etwa Lehren, die sowohl religiöse als auch philosophische Elemente enthalten. Entsprechend haben westliche Philosophen, die sich am Buddhismus oder Hinduismus orientierten, etwa Schopenhauer, Religion und Philosophie nicht ebenso klar wie andere unterschieden.

Die Trennung zwischen einer transzendenten und einer immanenten Perspektive und die Beschränkung der Philosophie auf die immanente Perspektive als konkretisiertes Ziel und spezifisches Mittel ist somit lediglich ein notwendiges Merkmal des Philosophiebegriffs, *wie er im Westen entwickelt wurde, ergibt sich aber nicht zwingend aus den in den vorigen Kapiteln entfalteten vier notwendigen Merkmalen der Philosophie als Suche nach Einsicht in die allgemeine Struktur der Welt.* Es handelt sich vielmehr um eine Beschränkung, die ihrerseits schon Ergebnis einer bestimmten philosophischen sowie religiösen Auffassung ist. Diese Auffassung enthält zwei Annahmen: die erkenntnistheoretische Annahme, dass sich die transzendente und die immanente Perspektive unterscheiden *lassen.* Und die praktisch-methodische Annahme, dass man sie zur Gewinnung besserer Einsicht unterscheiden *sollte*. Beide Annahmen sind spezifisch westliche Annahmen. Sie hängen von einer bestimmten Auffassung Gottes und der Religion ab. Gott oder ein transzendentes Prinzip ist nach dieser Auffassung entweder nicht alles bestimmend oder seine Allbestimmung für uns zumindest nicht vollständig erkennbar. Die religiöse Perspektive kann deshalb auch nicht die einzig mögliche Perspektive auf die Gesamtheit aller Gegenstände und Verbindungen sein. Die Philosophie im westlich-immanenten Sinn ist also nur möglich, wenn die Religion Raum für eine zwar umfassende, aber nichtreligiöse und damit immanente Sicht auf die Welt lässt. Eine strikt fundamentalistische Religion wird dagegen häufig eine eigene, nichtreligiös-immanente Perspektive auf die Welt ausschließen. Dann kann es auch keine von der Religion unabhängige Philosophie geben. Die Philosophie wird gegenüber der Religion sekundär.

Aber jede Religion ruht auf dem Glauben. Ohne ihn wären die transzendenten Wege der Erkenntnis nicht zu rechtfertigen. Die immanente Perspektive der Philosophie kann deshalb mit religiösen Gründen nur transzendent, nicht immanent ausgeschlossen werden. Gute immanente Gründe widerstreiten diesem Ausschluss, etwa die relative Verlässlichkeit und Kritikfähigkeit menschlicher Vernunft. Aber der Maßstab der guten immanenten Gründe ist wiederum ein diesseitiger, vernünftig-empirischer. Er lässt sich seinerseits nur mit diesseitigen, vernünftig-empirischen Gründen rechtfertigen. Die Unterscheidung zwischen Religion und Philosophie bedarf also ihrerseits der philosophischen Rechtfertigung. Vom transzendenten Standpunkt der Religion und des Glaubens kann sie immer bestritten werden.

Angesichts der Notwendigkeit von Verlässlichkeit und Kritikfähigkeit unserer Erkenntnis erscheint für die Philosophie eine Selbstbescheidung auf allgemein zugängliche und anerkannte sowie vernünftige Quellen und Methoden der Erkenntnis, also eine immanente Perspektive, unabdingbar, will sie den generellen Anspruch auf objektive Einsicht erheben. Deshalb wird im Folgenden das westliche, auf die immanente Perspektive beschränkte Verständnis der Philosophie zugrunde gelegt, das auch mit dem im Westen entwickelten Philosophiebegriff untrennbar verbunden ist. Für Formen der umfassenden Suche nach Einsicht, welche die

Beschränkung auf immanente Erkenntnisziele und -methoden nicht akzeptieren, werden regelmäßig andere Begriffe verwendet, etwa neben den Begriffen der Religion und Theologie die Begriffe der Spiritualität und Esoterik.

2. Die Mathematik erhebt wie die Philosophie Anspruch auf umfassende immanente Erkenntnis. Die reine Mathematik konstruiert eine übergreifende, jedoch formale Struktur. Sie abstrahiert anders als die Philosophie aber von weniger allgemeinen Konstitutionsbedingungen und Elementen der Welt wie Erkenntnis, Denken, Sprache, Vernunft, Natur, Ich und Anderer. Gleichzeitig setzt die Mathematik aber definitorisch allgemeinere, jenseits ihrer selbst liegende Begriffe wie Identität, Relation, Differenz, Punkt und Menge voraus. Die Mathematik bewegt sich also auf einer einheitlichen Ebene der hohen, nicht aber höchsten Abstraktion. Sie bleibt in einem relativ schmalen Band hoher Allgemeinheit. Die Philosophie dehnt sich dagegen in der Vertikalen von Abstraktion und Konkretion weiter nach beiden Richtungen aus. Sie ist in ihrem Erkenntnisziel und ihrer Perspektive umfassender als die Mathematik, weil sie in ihre umfassende Suche nach Einsicht sowohl die abstraktesten Gegenstände als auch die etwas konkreteren Konstitutionsbedingungen und Elemente der Welt einbezieht. Die Philosophie hinterfragt alles, die Mathematik legt nicht weiter hinterfragte Definitionen, Axiome und Regeln zugrunde. Da die Philosophie nicht auf eine relativ schmale Bandbreite der Abstraktion beschränkt bleibt, kann sie allerdings kein geschlossenes und strikt beweisbares, das heißt axiomatisches System wie die Mathematik entfalten. Sie vermag deshalb die Strenge und Sicherheit der Mathematik nicht zu erreichen. Weil die Philosophie in ihrer Erkenntnis der Welt jedoch umfassender als die Mathematik ist, gibt es eine Philosophie der Mathematik, nicht aber eine Mathematik der Philosophie.

3. Die moderne Physik versucht, die Relativitäts- und die Quantenfeldtheorie zu einer »Theorie von allem« zu vereinen. Sie bleibt allerdings als Weltbeschreibung, wie generell jede einzelwissenschaftliche Weltbeschreibung, begrenzt. Sie beschränkt sich auf die Analyse bestimmter Gegenstände – Materie bzw. Energie – aus

einer physikalisch-naturgesetzlichen Perspektive mit limitierten empirischen und mathematischen Methoden. Mentale Phänomene wie Denken und Erkennen, soziale Phänomene wie Politik, Ökonomie und Recht sowie linguistische und ästhetische Phänomene wie Sprache und Kunst nimmt sie nicht in den Blick. Ihren Wert als einzelwissenschaftliche Erkenntnis schmälert das natürlich in keiner Weise. Ihren eventuellen Anspruch auf Ausschließlichkeit und Umfassendheit der immanenten Welterklärung schon, denn damit ist ihr Gegenstand nicht die Gesamtheit aller Gegenstände und Verbindungen wie derjenige der Philosophie.

Seit der Antike ist allerdings immer wieder behauptet worden, dass die Welt nur aus der physikalisch beschreibbaren Natur bestehe (metaphysischer Physikalismus). Das ist keine einzelwissenschaftliche Behauptung mehr. Es handelt sich vielmehr um den Versuch einer umfassenden und auf die abstraktesten Gegenstände gerichteten immanenten Erklärung der allgemeinen Struktur der Welt, also eine, wenn auch radikal reduktionistische Form des Philosophierens.

Als Folgerung aus dem metaphysischen Physikalismus hat man versucht, eine physikalische Theorie der Welt zu konstruieren, die auch die Phänomene des Mentalen, Sprachlichen, Sozialen und Künstlerischen vollständig erklärt. Alle immanente Welterkenntnis soll auf eine physikalisch-mathematische *reduziert* werden (sog. szientifischer Physikalismus).

Neben dem Anspruch, alle immanente Welterklärung auf eine physikalisch-mathematische zu reduzieren, gibt es schwächere Versuche der Reduktion unserer Erkenntnis der immanenten Welt auf bestimmte Einzelwissenschaften: die Reduktion der immanenten Welterklärung auf die Naturwissenschaften und die Logik (szientifischer Naturalismus), die Reduktion auf die empirischen Natur- und Sozialwissenschaften (szientifischer Empirismus), die Reduktion auf alle Einzelwissenschaften einschließlich der Geistes- bzw. Kulturwissenschaften, jedoch unter Ausschluss der Philosophie (der heute häufig anzutreffende schweigende Konsens der Einzelwissenschaften).

Man sollte unterscheiden: Alle diese Reduktionsversuche sind zwar selbst philosophische Unternehmen und insofern Teil der Philosophie. Sie sollen aber nicht nur einer skeptischen Limitation der Möglichkeiten der Philosophie, sondern in letzter, praktischer Konsequenz ihrer Absorption in eine Einzelwissenschaft dienen. Die Eigentümlichkeit der Philosophie als maximal methodenoffene Suche nach umfassender Einsicht in die Gesamtheit der Gegenstände und Verbindungen steht dem jedoch entgegen. Die Reduktionsversuche können nicht gelingen, weil der Status einer Einzelwissenschaft die Allgemeinheit der Gegenstände und Strukturen, die Umfassendheit der Perspektive, die Variabilität der Methoden und das letzte, umfassende Selbstverständnis ausschließt. Alle Pläne einer Einheitswissenschaft haben sich bisher als unrealistisch erwiesen und sind gescheitert. Die Wissenschaften sind im Gegenteil immer weiter aufgeteilt worden.

4. Akzeptiert man die Eigentümlichkeit der Philosophie gegenüber den Einzelwissenschaften, so stellen sich weitere Fragen: Kann ein derartiges Verständnis der Philosophie als Suche nach Einsicht skeptischen Infragestellungen standhalten? Was kann gutes und richtiges Philosophieren sein? Das heißt: Was ist unter dem Gegenstand und dem Ziel der Philosophie genauer zu verstehen? Und insbesondere: Wie sind die Mittel und Methoden der Philosophie zu gestalten und einzusetzen? An diesen Fragen scheiden sich die verschiedenen philosophischen Auffassungen, Strömungen und Schulen. An ihnen treten Befürworter, Kritiker und Skeptiker der Philosophie auseinander. Bevor zu diesen Fragen übergegangen wird, ist es erforderlich, sich drei große historische Entwicklungen der Philosophie vor Augen zu führen. Sie verkörpern bereits implizit Auffassungen, was als Philosophieren auch einer skeptischen Infragestellung standhält und was gutes und richtiges Philosophieren sein kann:

Wie bereits erwähnt, war zum Ersten im Verlauf ihrer Geschichte der Rahmen der Philosophie im Hinblick auf ihre *Gegenstände unterschiedlich umfangreich*. In der Antike und im Mittelalter entfaltete er sich in einer Einheit von Philosophie und Wissenschaft sehr breit und umfasste außer der Mathematik sowie der Medizin nur die praktischen Fähigkeiten und das Alltagswissen nicht. Seither haben viele Einzelwissenschaften die Philosophie als »Mutter aller Wissenschaften« verlassen, im Mittelalter bereits die Jurisprudenz und die Theologie mit dem institutionellen Ergebnis der Bildung eigener Fakultäten, ab dem 17. Jahrhundert die Physik, Chemie und Biologie, ab der Mitte des 19. Jahrhunderts dann die Soziologie, Psychologie, Pädagogik sowie die Politik-, Geschichts-, Sprach- und Literaturwissenschaft. Die einzelnen Wissenschaften sind zu einem mächtigen, selbständigen Ring zwischen dem sehr viel schmaler gewordenen Rahmen der Philosophie und dem Alltagswissen geworden. Die Philosophie hat sich auf die abstrakteren Gegenstände beschränkt. Dadurch hat sich ihre Eigentümlichkeit einer allgemeinen, umfassenden, methodenoffenen und selbstbetrachtenden Suche nach Einsicht in die Gesamtheit der Gegenstände und Verbindungen nicht verändert. Sie ist aber deutlicher hervorgetreten.

Zum Zweiten hat sich die Konkretisierung des *Ziels* der Philosophie und damit auch die *Grundhaltung* der einflussreichsten Denker gegenüber der Philosophie gewandelt. Drei konkretisierende Ziele bzw. Grundhaltungen lassen sich unterscheiden: die *bejahende Entfaltung*, die *Analyse und Kritik* sowie die *fundamentale Skepsis*. Obwohl jedes dieser konkretisierenden Ziele bzw. jede dieser Grundhaltungen in allen Zeiten nachweisbar ist, hat sich ihre Vorherrschaft doch im Lauf der Philosophiegeschichte verschoben. Ein außerordentlich grobes Bild lässt sich vielleicht folgendermaßen zeichnen:

Die *bejahende Entfaltung* geht davon aus, dass die Philosophie zu einer sinnvollen, inhaltlich gehaltvollen Welterkenntnis in der Lage ist. Sie findet sich bei vielen wirkungsmächtigen Philosophen der Antike, des Mittelalters und der Neuzeit, also etwa den vorsokratischen Naturphilosophen, Platon, Aristoteles, Thomas v. Aquin, Leibniz, Wolff, Hegel, Fichte, Schelling. Sie äußerte und äußert sich häufig in großen Systementwürfen. Am Anfang des 20. Jahrhunderts taucht sie wieder vereinzelt auf, besonders stark im deutschsprachigen Raum, etwa bei Rickert, Lask, Scheler, Hartmann, dem frühen Heidegger, aber auch bei Bradley, Bosanquet sowie Whitehead und in spezifischer Form beim frühen Carnap.

Die philosophische *Analyse und Kritik* haben neben den antiken Sophisten vor allem Denker des 17. und 18. Jahrhunderts wie Descartes, Locke, Hume und Kant betont, wobei sich bei ihnen allerdings auch große systematisch-bejahende Aspekte oder sogar Werke finden.

Eine *fundamentale Skepsis* gegenüber der Philosophie ist außer von den antiken Kynikern und Skeptikern sowie den Moralisten des Humanismus und Barock wie Montaigne und Gracian vor allem von Denkern des 19. und 20. Jahrhunderts wie Nietzsche, Wittgenstein, Adorno, Anders, Quine, Kripke, Rorty und Derrida geäußert worden.

Man kann an dieser Auflistung erkennen, dass sich der Schwerpunkt im Lauf der Zeit verlagert hat. Während die Antike und das Mittelalter stärker vom Ziel einer bejahenden Entfaltung der Philosophie geprägt waren, tritt in der Neuzeit, insbesondere im 17. und 18. Jahrhundert, die Analyse und Kritik in den Vordergrund und im 19. und 20. Jahrhundert – mit lokal begrenzten Gegenbewegungen, etwa im Neukantianismus und der Phänomenologie – die fundamentale Skepsis.

Die dritte große Entwicklung der Philosophie im Lauf ihrer Geschichte ist schließlich eine grundsätzliche Verschiebung ihrer *Mittel* bzw. *Methoden*: In der Antike und im Mittelalter gingen die meisten Philosophen davon aus, sich mittels der Philosophie direkt auf die Gegebenheiten der Welt beziehen zu können. Entsprechend standen der Sache nach die philosophischen Teildisziplinen der Metaphysik und Ontologie im Vordergrund, wiewohl sie jeweils erst in der mittleren Antike und frühen Neuzeit entsprechend benannt wurden. Seit dem 17. Jahrhundert rückte dann bei Theoretikern wie Bacon, Descartes, Locke, Hume und Kant die Untersuchung unserer Erkenntnis, also die Erkenntnistheorie, ins Zentrum der philosophischen Suche nach Einsicht in die Welt. Am Ende des 19. und am Beginn des 20. Jahrhunderts wurden schließlich die Analyse der Sprache und die formale Logik als methodischer Königsweg des Philosophierens angesehen, etwa von Frege, Russell, Wittgenstein, Carnap und Quine. Entsprechend traten vielfach Sprachphilosophie und formale Logik in den Mittelpunkt des Interesses. Dies geschah insbesondere bei Vertretern der später so genannten Analytischen Philosophie, die seitdem den angelsächsischen Sprachraum und zunehmend auch die globale Diskussion beherrscht. Die Sprache spielte bzw. spielt aber auch bei Vertretern anderer Richtungen der Philosophie in der zweiten Hälfte des 20. Jahrhunderts eine besondere Rolle, etwa bei Hermeneutikern wie Gadamer und Vertretern der Kritischen Theorie wie Apel und Habermas.

Alle drei großen historischen Entwicklungen der Philosophie hängen zusammen: Die konkreteren Teile unseres Wissens, die nunmehr Gegenstand der Einzelwissenschaften sind, beziehen ihre natürliche Selbstgewissheit und Selbstgenügsamkeit aus einer engen Verbindung mit den unmittelbaren Wahrnehmungen unserer Sinne und den praktischen Erfordernissen unseres Lebens. Die Philosophie war wegen ihrer Beschränkung auf einen immer schmaler und abstrakter werdenden Ring unserer Welterkenntnis zunehmend weniger in der Lage, an dieser natürlichen Selbstgewissheit und Selbstgenügsamkeit unseres konkreten Wissens teilzuhaben. Der Anteil der Selbstreflexion an der Philosophie hat sich deshalb verstärkt. Dies hat zu ihrer immer intensiveren Selbstinfragestellung beigetragen. Das Ergebnis war zunächst die starke Konzentration auf die Erkenntnistheorie im 17. und 18. Jahrhundert. Schließlich sahen manche die radikale Reduktion der Philosophie auf Sprachanalyse und Sprachkritik als letzten Rückzugspunkt philosophischer Suche nach Erkenntnis an. Die Frage nach dem Gegenstand und dem Ziel der Philosophie trat gegenüber der Untersuchung der epistemischen und sprachlichen Mittel unserer Suche nach Erkenntnis in den Hintergrund.

Die Ausdifferenzierung der Einzelwissenschaften ist ein Vorgang, der bereits bei Aristoteles als fachliche Teilung der Philosophie in einzelne sachlich unterschiedene Abhandlungen (Pragmatien) beginnt, dann aber vor allem in der Bewegung der *nova scientia*, der neuen Wissenschaft, am Beginn des 17. Jahrhunderts zu einer äußeren Selbständigkeit vieler einzelwissenschaftlicher Fächer geführt hat. Diese Befreiung der Einzelwissenschaften von einer in vieler Hinsicht starr und dogmatisch gewordenen Philosophie hat nicht unwesentlich zu den großen Erfolgen der modernen Wissenschaft und Technik beigetragen, auf der anderen Seite aber auch schmerzliche Kohärenzverluste zwischen den Einzelwissenschaften hervorgerufen. Dieser Prozess lässt sich in der Gesamtschau nicht ernsthaft kritisieren. Jeder Versuch einer auch nur partiellen Umkehrung wäre angesichts der robust entwickelten Autonomie der Einzelwissenschaften illusorisch. Nach ihrer Geburt lassen sich Kinder nicht mehr in den Mutterleib zurückbefördern.

Damit verbleiben die beiden anderen historischen Entwicklungen für eine Reflexion der Frage nach dem guten und richtigen

Philosophieren. Für die zweite Entwicklung der Schwerpunktverlagerung von der bejahend-entfaltenden über die analytisch-kritische zur skeptischen Grundhaltung gegenüber der Philosophie wird man vielleicht annehmen können, dass sie auch durch die jeweilige Persönlichkeit des Philosophierenden, also subjektiv mit verursacht wird. Sie ist insofern nur schwer einer weiteren Rationalisierung fähig. Jeder Leser möge sich zur Förderung seiner philosophischen und allgemeinmenschlichen Selbsterkenntnis fragen, welcher Haltung er zuneigt.

Soweit die Entscheidung für eine dieser Grundhaltungen allerdings ein objektivierbares Ziel betrifft, das heißt rational kritisier-, begründ- und beeinflussbar ist, hängt sie wesentlich von der dritten Entwicklung, also der Frage nach der möglichen und richtigen Methode der Philosophie ab. Zum guten und richtigen Philosophieren wird man also neben den adäquaten Gegenständen und Zielen vor allem die besten Mittel bzw. Methoden auswählen müssen.

Vor der Erörterung der Qualität und damit der *normativen* Bestimmung der besten Mittel bzw. Methoden der Philosophie soll aber zunächst die *skeptische* Frage diskutiert werden, ob das Ziel der Philosophie, so wie es bis hierher als gemeinsame Anstrengung praktisch aller Philosophierender über zweieinhalbtausend Jahre dargestellt bzw. rekonstruiert wurde, *überhaupt erreichbar ist*. Eine weitere Frage wird sein, ob das mit dem vorliegenden Versuch intendierte zusätzliche Ziel einer *Selbsterkenntnis der Philosophie* überhaupt realisiert werden kann.

V. Philosophie und Skepsis

Der gemeinhin vorausgesetzte *Gegenstand* der Philosophie ist – so hatte sich in einem *ersten, deskriptiven Schritt* ergeben – die Gesamtheit aller einzelnen Gegenstände und Verbindungen, also alle Strukturen bzw. die allgemeine Struktur der Welt einschließlich der allgemeinsten Gegenstände. Das *Erkenntnisziel* der Philosophie bildet die möglichst umfassende bzw. allgemeine Einsicht. Und die *Methode* der Philosophie ist so offen, wie es nur eben geht.

Die Philosophie kann nun in einem *zweiten, kritischen, quasi ihre Fähigkeit zur Selbstreflexion aktivierenden Schritt* skeptische Fragen gegenüber sich selbst stellen, etwa ob alle Verbindungen als ein gemeinsamer Gegenstand überhaupt bestehen und ob das Ziel ihrer Erkenntnis sowie das Mittel ihres sprachlichen Ausdrucks möglich sind. Die skeptisch-philosophische Selbstinfragestellung kann dabei wie gegenüber jeder Form von Erkenntnis auch gegenüber der philosophischen Suche nach Einsicht wenigstens drei Formen annehmen: eine *ontologische* Skepsis hinsichtlich des Gegenstands, eine *erkenntnistheoretische* Skepsis hinsichtlich unserer Möglichkeiten der Erkenntnis, schließlich eine *sprachphilosophische* Skepsis hinsichtlich der Fähigkeit zum sprachlichen Ausdruck des Gegenstands sowie der Ziele, Mittel und Ergebnisse unserer Suche nach Erkenntnis.

Im Folgenden wird bei der Diskussion der skeptischen Einwände die Annahme zugrunde gelegt, dass nichtphilosophische Arten der Erkenntnis, also insbesondere einzelwissenschaftliche Erkenntnis, grundsätzlich möglich, das heißt ontologisch, erkenntnistheoretisch und sprachphilosophisch prinzipiell akzeptabel sind. Man kann natürlich noch radikaler zweifeln und neben der Philosophie auch alle Wissenschaften und sonstigen Formen der Suche nach Erkenntnis fundamental in Frage stellen. Eine derartige radikale und umfassende Skepsis gegenüber jeder Form des Erkenntnisstrebens ist möglich, kann hier aber aus mehreren Gründen ausgeklammert werden: Sie geht zum Ersten über die im vorliegenden Versuch gestellte Frage nach der Selbstaufklärung der Philosophie als einer spezifischen Art der Suche nach Erkenntnis unter anderen Arten der Suche nach Erkenntnis hinaus. Sie ist zum Zweiten ihrerseits eine stark diskutierte Frage der Philosophie. Sie würde drittens im Fall ihrer Bejahung für nichtphilosophische Erkenntnis an der Bestimmung der Aufgabe der Philosophie nichts ändern. Schließlich scheint sie sich – so eine natürlich weiter begründungsbedürftige Behauptung – viertens selbst den Boden einer sicheren Erkenntnis zu entziehen, von welchem aus sie die Gewissheit anderer Erkenntnis skeptisch unterminieren könnte.

1. Die *ontologische* Skepsis gegenüber der Philosophie stellt in Frage, ob es überhaupt so etwas wie die Gesamtheit aller Gegenstände und Verbindungen *gibt*.

Da die Einzelwissenschaften von der Annahme ausgehen, dass ihre beschränkten Gegenstände, also etwa Elementarteilchen, Leben, Recht, Politik, Gesellschaft usw. in irgendeiner Weise bestehen, stellt sich für die Philosophie nur das Problem, ob sie so etwas wie einen Zusammenhang dieser einzelnen Gegenstände im Sinne der Gesamtheit aller Gegenstände und Verbindungen annehmen kann.

Wir können die Welt, wie sie wirklich ist, natürlich nicht sicher erkennen. Aber wir können zumindest mehr oder minder gut begründete Annahmen über die Welt machen. Dann gibt es grundsätzlich zwei Modelle: Nach dem einen Modell bestehen in der Welt unverbundene Elemente. Man kann dies das *isolationistische* Modell der Welt nennen. Nach dem anderen Modell ist jedes Element der Welt zumindest indirekt über andere Elemente mit jedem anderen Element der Welt verbunden, und zwar im Rahmen einer externen Relation welcher Art auch immer. Man kann dies das *relationale* Modell der Welt nennen.

Nun kann man empirisch beobachten, dass die Einzelwissenschaften sich ja ihrerseits nicht rein deskriptiv auf die einzelnen unverbundenen Gegenstände bzw. konkreten Dinge der Welt beziehen. Sie fassen diese vielmehr mit Hilfe abstrakterer Begriffe, Urteile und Theorien zusammen. Die Biologie charakterisiert etwa das Leben als in vielfältiger Weise verbundene Individuen. Die Zellen bilden Organismen, die Organismen wiederum Ökosysteme, die Ökosysteme schließlich die Ökosphäre. Die Physik charakterisiert die Elementarteilchen als durch die vier Grundkräfte zueinander in Relation stehend. Das Weltbild der Einzelwissenschaften ist also zumindest für die Elemente ihres Bereichs unzweifelhaft das relationale. Wenn dem so ist, dann gibt es aber keinen erkennbaren Grund, warum zwischen den Gegenständen bzw. Dingen, welche die jeweiligen Einzelwissenschaften zur Grundlage ihrer Erkenntnis haben, keine Relationen bestehen sollen. Die faktische Gliederung unserer Suche nach Erkenntnis in Einzelwissenschaften lässt sich pragmatisch erklären, ohne eine grundsätzliche Unverbundenheit ihrer Gegenstände anzunehmen.

Man geht also – ohne dies beweisen zu können – prima facie mit besseren Gründen vom relationalen Modell als vom isolationistischen Modell der Welt aus. Jeder Gegenstand der Welt steht danach wenigstens indirekt über einen oder mehrere andere Gegenstände zu jedem anderen Gegenstand der Welt in Relation. Es gibt also – so die angesichts unseres einzelwissenschaftlich bestätigten Weltbildes gut begründbare Vermutung – keine völlig abgetrennten Dinge oder Tatsachen ohne Verbindung zu anderen Dingen oder Tatsachen. Ist dies aber der Fall, so besteht die Welt zumindest in diesem schwachen relationalen Sinn als Gesamtheit ihrer Gegenstände und Verbindungen. Alle Strukturen bzw. die allgemeine Struktur der Welt können dann Gegenstand der Philosophie sein.

2. Die *erkenntnistheoretische* Skepsis stellt die Frage, ob wir die Gesamtheit der Gegenstände und Verbindungen, also alle Strukturen bzw. die allgemeine Struktur der Welt, überhaupt *erkennen* können. Da wir selbst Teil der Welt sind, könnten wir die Welt – so eine Version dieses Zweifels – nicht von außen betrachten. Wir seien nicht in der Lage, unsere beschränkte Innenperspektive zugunsten einer vollkommenen Außenperspektive aufzugeben.

Dieser Zweifel gründet in der räumlich-metaphorischen Redeweise einer Erkenntnis von »außen« und »innen«. Nach dieser Metaphorik könnte eine solche Erkenntnis der Welt »von außen« unmöglich erscheinen. Aber räumliche Erkenntnis, die tatsächlich eine solche von außen und von innen darstellt, ist nur eine mögliche Art von Erkenntnis. Es gibt andere Arten der Erkenntnis jenseits dieser Entgegensetzung von außen und innen, etwa die Erkenntnis zeitlicher Verläufe mit dem Unterschied von vorher und nachher. Auch mathematische und logische Erkenntnis ist unabhängig von den räumlichen Perspektiven außen und innen. Der für die Philosophie zum Ausgangspunkt ihrer Suche nach Einsicht dienende Begriff der Welt (des Gesamten, der Gesamtheit, des Allgemeinen, der Allgemeinheit) ist nun aber im Gegensatz zum physikalischen Weltall bzw. Universum *kein räumlicher Begriff*. Das bedeutet, dass jede Raumvorstellung hier fehl am Platze ist. Wir können folglich gegenüber der so verstandenen Welt von vornherein keinen räumlichen Standpunkt einnehmen. Die Tatsache, dass uns kein räumlicher Standpunkt außerhalb der Welt möglich ist, lässt somit die philosophische Einsicht in die Gesamtheit der Strukturen nicht grundsätzlich unmöglich werden.

Die Einzelwissenschaften gewinnen ihre Erkenntnis unter anderem, indem sie einzelne Dinge, Tatsachen oder Phänomene mit Hilfe abstrakterer Begriffe, Urteile und Theorien im Hinblick auf notwendige Eigenschaften oder Gesetze zusammenfassen. Wie der Prozess der Zusammenfassung im Einzelnen vonstatten geht, ob es etwa so etwas wie eine Verifikation, eine Falsifikation oder nur eine Art von Bestätigung gibt, ist im Einzelnen zweifelhaft und umstritten. Nicht zu bestreiten ist aber die empirisch beobachtbare Tatsache der Zusammenfassung einzelner Dinge, Tatsachen oder Phänomene mit Hilfe derartiger abstrakterer Begriffe, Urteile und Theorien. Und zwar geschieht dies auf unterschiedlichen Ebenen der Abstraktion. So hat etwa die Physik die elektrische und die magnetische Kraft zum abstrakteren Begriff bzw. der Theorie von der elektromagnetischen Kraft zusammengefasst. Und sie versucht jetzt die verbleibenden vier Grundkräfte auf einer noch abstrakteren Ebene zu einer Gesamttheorie zu vereinen. Der Biologie gelang es etwa, einzelne Phänomene und Erklärungen der Sukzession von Arten zur Evolutionstheorie zu verbinden.

Erkennt man dieses kaum zu leugnende Faktum eines wesentlichen Aspekts einzelwissenschaftlicher Forschung an und gesteht man des Weiteren zu, dass bisher keine prinzipielle Grenze dieser zusammenfassenden Abstraktion erkennbar ist, die es unmöglich machen würde, sie auch jenseits der Gegenstände der Einzelwissenschaften auf die Gesamtheit der Gegenstände und Verbindungen zu erweitern, so kann man – zumindest beim gegenwärtigen

Stand der Erkenntnis – eine prinzipielle erkenntnistheoretische Möglichkeit der Philosophie nicht ausschließen. Die Art und Weise der Erkenntnis muss für die Philosophie lediglich über die selbst gewählte Beschränkung der Einzelwissenschaften auf einen einzelnen Gegenstand bzw. Gegenstandsbereich hinausgeführt werden. Warum dies grundsätzlich erkenntnistheoretisch unmöglich sein soll, ist nicht erkennbar.

Man könnte einwenden: Wenn die Gesamtheit der einzelnen Gegenstände und Verbindungen den Gegenstand der Philosophie bildet, so muss ja auch unsere Erkenntnis als Teil dieser Gesamtheit Gegenstand der Philosophie sein. Das sei aber unmöglich, weil Erkenntnis nicht gleichzeitig einen anderen Gegenstand und sich selbst zum Gegenstand haben könne. Warum das aber nicht möglich sein soll, ist nicht einsehbar: Entwirft der Biologe Theorien über das Leben, so schließen diese Theorien selbstredend auch ihn selbst als Lebewesen ein. Postuliert der Physiker Theorien über Elementarteilchen, so beziehen sich diese Theorien natürlich auch auf die seinen eigenen Körper konstituierenden Elementarteilchen. Beschreibt und beweist der Logiker schließlich Theoreme der Logik, so gelten diese Theoreme ohne Weiteres auch für seine Beschreibungen und Beweise. Für den Philosophen ergibt sich nun Vergleichbares: Sucht er nach einer abstraktesten Einsicht in die allgemeine Struktur der Welt, so ist es nicht nur möglich, sondern sogar notwendig, dass diese Einsicht auch ihn selbst und sein eigenes Philosophieren einschließt.

3. Die *sprachphilosophische* Skepsis bezweifelt, dass wir den Gegenstand, das Erkenntnisziel, die Methode oder ein mögliches Ergebnis der Philosophie *sinnvoll, das heißt signifikant aussprechen können.*

Nach der zu Beginn des 20. Jahrhunderts vom sog. *logischen Positivismus* bzw. *logischen Empirismus* propagierten und am einflussreichsten gewordenen Version der sprachphilosophischen Skepsis soll es nur *zwei Arten sinnvoller Sätze* geben: zum einen *analytische* Sätze, die kraft der Definition der in ihnen vorkommenden Symbole, das heißt der Bedeutung der in ihnen vorkommenden Wörter, *notwendig wahr oder falsch sind.* Analytische Sätze sind notwendig war oder falsch, weil es sich um *Tautologien* oder

Kontradiktionen handelt, also etwa Sätze der Logik und Mathematik als formaler Systeme. Zum anderen *synthetische* Sätze, die *nicht notwendig wahr oder falsch sind*, deren Wahrheit oder Falschheit demnach im Hinblick auf die Bedeutung der in ihnen vorkommenden Wörter zufällig ist und sich deshalb auf andere Weise ergeben muss, nämlich – nach Auffassung der logischen Positivisten – durch die sinnliche, das heißt empirische Erfahrung. Die Sinnhaftigkeit bzw. Signifikanz der synthetischen Sätze soll von einer bestimmten Form der Gewinnung von Erkenntnis abhängen: der Verifikation mit Bezug auf die empirische Erfahrung von Tatsachen, das heißt mit Hilfe von Elementar-, Protokoll- oder Basissätzen. Dies ist das sog. *Verifikationsprinzip.* Die Funktion einer empirischen Hypothese liege dann darin, uns eine Regel für die Antizipation von Erfahrungen zu liefern. Ein Satz, der in keiner Weise für Erfahrungen relevant werden könne, sei kein empirischer Satz, habe somit keinen faktischen Inhalt und sei sinnlos. Die traditionelle Metaphysik bzw. Philosophie soll weitgehend aus solchen sinnlosen Sätzen bestehen. Ein sinnloser Satz der Metaphysik bzw. der Philosophie wäre zum Beispiel die Behauptung, es gebe eine bestimmte Anzahl von Substanzen in der Welt, denn keine mögliche Beobachtung könne die Wahrscheinlichkeit dieser Behauptung erhöhen. Da alle empirischen Sätze Teil der Einzelwissenschaften seien, bleibe der Philosophie nur die Aufgabe, das Verständnis wissenschaftlicher Theorien zu verbessern, indem sie die in diesen vorkommenden Symbole erläutere, also die Aufgabe der Sprach- und Argumentationsanalyse.

Man sollte sich zunächst über die komplizierte, rigide und gleichzeitig sehr merkwürdige Struktur dieser Version der sprachphilosophischen Skepsis klar werden: Eine bestimmte, seit zweieinhalbtausend Jahren allgemein anerkannte und praktizierte Form der Suche nach Erkenntnis, nämlich das Philosophieren, wird eingeschränkt und in ihrem Kern unter Sinnlosigkeitsverdacht gestellt, weil ihr angeblich bestimmte sehr limitierte sprachliche Mittel nicht zur Verfügung stünden, die wiederum mit Bezug auf eine bestimmte These über die beiden angeblich einzig zulässigen Formen der Erkenntnis restringiert wurden, wobei die Form der Erkenntnis der analytischen Sätze mehr oder minder im Dunkeln bleibt, weil sich das Verifikationsprinzip nur auf die synthetischen Sätze erstrecken soll.

Diese Version der sprachphilosophischen Skepsis gegenüber der Philosophie kann aus wenigstens den folgenden fünf grundsätzlichen Erwägungen nicht überzeugen:

(1) Der erste grundsätzliche Irrtum dieser Auffassung liegt darin, die Sprache zu einer unveränderlichen, quasi naturgesetzlichen Tatsache mit zwei vollkommen verschiedenen und apriorisch notwendigen Satzformen zu stilisieren. Damit wird der instrumentelle und veränderliche Charakter der Sprache verkannt. Die Sprache ist nur ein Werkzeug, ein Mittel, um unseren Zielen der Erkenntnis und Kommunikation, das heißt konkreter, unseren Zielen der Welterklärung und Weltgestaltung zu dienen. Sie ist eine Realisationsform unserer Erkenntnisse, Bewertungen und Normen und außerordentlich flexibel einsetzbar. Sie kann Kontinua der Abstraktheit und Konkretheit sowie der Notwendigkeit und Kontingenz ausdrücken. Die Methodenoffenheit der Philosophie legt sie nicht von vornherein in all ihren Untersuchungen auf analytische oder empirische Erkenntnisse fest. Sie kann vielmehr beide Formen der Erkenntnis verbinden. Und es ist nicht erkennbar, warum die Sprache angesichts ihrer außerordentlichen Flexibilität nicht in der Lage sein sollte, diese Art der philosophischen Gewinnung von Einsicht einschließlich ihrer Ergebnisse auszudrücken.

Die einmal geformte Sprache beeinflusst zwar in einer Art Rückkopplungsprozess auch unsere Erkenntnis. Aber ein immer wieder begangener Fehler liegt darin, aus dieser an sich zutreffenden Einsicht der Sprachabhängigkeit unserer Erkenntnis zu folgern, die Sprache sei dann gegenüber der Erkenntnis primär und man müsse sich deshalb auf die Sprachanalyse konzentrieren oder gar beschränken. Nicht bedacht wird dabei, dass die Tatsache der Sprachabhängigkeit der Erkenntnis die umgekehrte Relation der *Erkenntnisabhängigkeit der Sprache keineswegs ausschließt*. Eine solche Erkenntnisabhängigkeit der Sprache lässt sich aber wegen ihres Charakters als Werkzeug annehmen und auch in der Realität unseres Sprechens überall beobachten. Besteht nun aber eine *wechselseitige Abhängigkeitsrelation von Sprache und Erkenntnis*, dann stellt sich die Frage, welche Relation denn nun *primär* ist, welche Abhängigkeit also als generell ausgeprägter angenommen werden muss, die der Sprache von der Erkenntnis oder die der Erkenntnis von der Sprache. Für Ersteres, also eine grundsätzlich stärkere Abhängigkeit der Sprache von der Erkenntnis mit der Folge des Primats der Erkenntnis spricht der artifizielle, instrumentelle und kulturrelative Charakter der Sprache. Die Sprache ist ein von Menschen gemachtes, sich von Kultur zu Kultur wandelndes Instrument des Menschen. Sie dient seinen Zielen der Erkenntnis, aber auch der Gestaltung, Beeinflussung und Kommunikation. Dies gilt für das Erkennen zumindest nicht in gleichem Maße, denn dieses ist in weiten Teilen mehr oder minder rezeptiv, wenig bewusst und instrumentell gesteuert und wenig oder in manchen Aspekten gar nicht kulturrelativ. Die Sonne wurde etwa in allen Zeiten und Kulturen in sehr ähnlicher Art und Weise als warm, energiereich, Leben spendend usw. wahrgenommen, ganz gleich, ob sie dann mit den Substantiven »Sonne«, »sun«, »soleil« oder »sole« und den entsprechenden Adjektiven sowie in grammatisch unterschiedlich geformten Sätzen in den einzelnen Sprachen bezeichnet wurde.

(2) Die erwähnte logisch-empiristische Version der sprachphilosophischen Skepsis gegenüber der Philosophie fußt überdies auf *zwei sehr weitgehenden und problematischen inhaltlichen Annahmen über die Sprache*:

Die erste Annahme lautet, dass sich *analytische und synthetische Sätze klar unterscheiden lassen*. Diese Annahme wurde von einem Angehörigen der Strömung des logischen Positivismus, Quine, als »Dogma des Empirismus« bezeichnet und einer von vielen akzeptierten Kritik unterzogen. Quine vertritt einen gemäßigten *Holismus*, wonach nicht einzelne Sätze, sondern ganze Theorien sich der Bestätigung durch unsere sinnliche Erfahrung stellen müssen. Es kann hier nicht der Ort sein, diese Kritik darzustellen oder gar zu diskutieren. Aber es muss konstatiert werden, dass selbst die Mehrheit oder zumindest ein großer Teil derjenigen Philosophen, die sich grundsätzlich den Zielen des logisch-empiristischen Lagers verbunden fühlen, die Unterscheidung von analytischen und synthetischen Sätzen nicht mehr akzeptiert.

In jedem Fall handelt es sich bei der analytisch-synthetisch-Unterscheidung aber um eine *offene, partielle und philosophisch zu klärende Frage*. Dann kann es aber methodisch keinesfalls richtig sein, den Erkenntnisanspruch derjenigen Form der Suche nach

Erkenntnis, der zur Klärung dieser Frage berufen ist, nämlich der Philosophie, von vornherein mit Rekurs auf eine vorweggenommene, positive Antwort auf diese offene, partielle Frage autoritativ zu beschränken. Eine These, wie die eines Unterschieds zwischen analytischen und synthetischen Sätzen, welche ihrerseits Gegenstand eben dieser philosophischen Suche nach Erkenntnis ist, würde sich andernfalls selbst gegenüber der philosophischen Infragestellung immunisieren. Die absurde Folge dieser rigiden und sich selbst zensierenden Auffassung wäre, dass über die analytisch-synthetisch-Unterscheidung als Problem der Philosophie nicht umfassend und methodenoffen, sondern nur mehr mit den Mitteln der Sprach- und Argumentationsanalyse diskutiert werden dürfte.

Die zweite Annahme lautet, dass die Unterscheidung zwischen analytischen und synthetischen Sätzen, sofern sie überhaupt möglich ist, als *vollständig* gelten muss, denn nur dann kann der Sinnlosigkeitsverdacht gegenüber der Philosophie, die ja angeblich keine der beiden Satzklassen verwenden kann, aufrechterhalten werden. Wie nun aber diese Vollständigkeit der analytisch-synthetisch-Unterscheidung gezeigt werden soll, ist nicht ersichtlich. Die Definition der analytischen Sätze als wahr aufgrund der Bedeutung der in ihnen vorkommenden Ausdrücke ist keineswegs klar und unproblematisch, denn es ist nicht eindeutig und unumstritten, was unter der »Bedeutung« sprachlicher Ausdrücke zu verstehen ist. Sie lässt sich überdies für einzelne Ausdrücke weder aus dem Kontext der Gesamtäußerung noch aus der Verbindung mit der bereits erlangten Erkenntnis über den bezeichneten Gegenstand sowie der angestrebten Erkenntnisvermittlung lösen. Sprachliche Äußerungen können den unterschiedlichsten Funktionen dienen und die entsprechend angepassten Ausdrucksformen annehmen: Beschreiben, Bewerten, Vorschreiben, Einordnen, Fragen, Auffordern, Vermuten usw. Diese Funktionen sind nun aber keinesfalls bis in alle Ewigkeit abgeschlossen. Mit der von vielen ehemaligen logischen Positivisten oder dem logischen Positivismus nahestehenden Theoretikern, etwa auch Wittgenstein, später entwickelten oder zumindest übernommenen pragmatischen Sprachauffassung ist auch die Annahme einer Vollständigkeit sowie Trennschärfe der analytisch-synthetisch-Unterscheidung obsolet.

(3) Ein drittes Problem der logisch-empiristischen Version der sprachphilosophischen Skepsis liegt in ihrer Annahme der Abhängigkeit der sprachlichen Signifikanz der Sätze von einer bestimmten Form der Erkenntnisgewinnung. Man kann und muss sich grundsätzlich fragen, warum eigentlich die Signifikanz sprachlicher Äußerungen von einem bestimmten Weg der Erkenntnis bedingt sein soll. Selbst wenn es zuträfe, dass neben logisch-mathematischer ausschließlich empirische Erkenntnis möglich bzw. wissenssteigernd wäre, so ist damit doch noch nicht gezeigt, dass dies für die Frage nach der Sinnhaftigkeit von Sätzen entscheidend sein muss. Es gibt Sätze, denen man nicht von vornherein entnehmen kann, auf welche Weise sich ihre Wahrheit oder Falschheit zu erweisen vermag. Man kann etwa nicht wissen, ob und wie es jemals möglich sein wird, mit außerirdischen Wesen in Kontakt zu treten. Aber niemand würde behaupten, dass Sätze über den Kontakt mit außerirdischen Wesen deshalb sinnlos sind. Die Fragen der Signifikanz sprachlicher Äußerungen und der Art und Weise der Gewinnung derjenigen Erkenntnis, welche diese sprachlichen Äußerungen bestätigen oder dementieren, liegen auf grundsätzlich divergierenden Ebenen der Realität; und es ist nicht erkennbar, warum sie notwendig derart restringiert verknüpft sein sollen.

(4) Aber selbst wenn man alle bisher kritisierten Annahmen akzeptierte, also die Konstanz und Primarität der Sprache, die Möglichkeit und Vollständigkeit der analytisch-synthetisch-Unterscheidung sowie die Abhängigkeit der sprachlichen Signifikanz von der empirischen Erkenntnisgewinnung, so bliebe doch folgender Einwand: Das Verifikationsprinzip hat sich als unzutreffend herausgestellt und wird deshalb mittlerweile selbst von den meisten Denkern aus dem Umkreis des logischen Empirismus nicht mehr als überzeugend angesehen, etwa von Wolfgang Stegmüller mit folgenden Einwänden:

Zum Ersten ist es viel zu eng, weil es sämtliche *Gesetzeshypothesen* nicht mit umfasst und demnach auch sämtliche Theorien, aus denen sich derartige Gesetzeshypothesen schließen lassen. Nun sind aber alle Naturgesetze raum-zeitlich nicht beschränkte Allsätze. Sie lassen sich deshalb niemals aus endlich vielen Beobachtungssätzen ableiten. Das würde aber bedeuten, dass weite Teile der Erfahrungswissenschaften sinnlos sind, ein Ergebnis, das kein Vertreter des logischen Empirismus und auch sonst niemand ernsthaft akzeptieren kann.

Zum Zweiten gerät das Verifikationsprinzip mit dem kaum zu bezweifelnden Prinzip in Konflikt, dass die Negation einer sinnvollen Aussage wieder eine sinnvolle Aussage ergibt: Man nehme die Beobachtungsaussage »Peter ist ein Mensch«. Dann gilt zweifellos auch die abschwächende Existenzaussage »Es gibt ein Wesen, das ein Mensch ist«. Sinnvoll müsste dann aber auch die Negation »Nicht: Es gibt ein Wesen, das ein Mensch ist« sein. Diese ist aber mit der nicht verifizierbaren Allaussage »Für alle Wesen gilt, dass keines von ihnen Mensch ist« logisch äquivalent.

Zum Dritten erweist sich das Verifikationsprinzip aber auch als zu weit, denn es lässt die Oder-Verknüpfung von signifikanten und nicht signifikanten Aussagen zu, wo man erwarten würde, dass eine nicht signifikante Aussage nicht als aussagenlogischer Teil einer signifikanten Aussage auftreten kann.

Die Kritik am Verifikationsprinzip lässt sich auch auf das *Falsifikationsprinzip* oder eine Kombination von beiden Prinzipien erstrecken, sodass die meisten Anhänger des logischen Empirismus heute allenfalls noch die Möglichkeit einer empirischen *Bestätigung* von Sätzen im Rahmen ganzer Theorien postulieren. *Die Forderung, dass alle Sätze dieser Theorien sich in Aussagen über Beobachtbares übersetzen lassen, musste aber fallen gelassen werden.*

(5) Schließlich ist aber – falls man die Philosophie wie in Kapitel IV. auf immanente Erkenntnis beschränkt – nicht ersichtlich, warum die Sätze bzw. Annahmen der Philosophie einer solchen *Bestätigung* oder zumindest eines *theoretischen Zusammenhangs mit bestätigungsfähigen Sätzen*, wie er für die empirischen Einzelwissenschaften kennzeichnend ist, grundsätzlich nicht fähig sein sollten. Die meisten Begriffe der Philosophie, etwa die Begriffe Mensch, Handlung, Wissen, Erkenntnis, Staat usw., sind auch respektable Begriffe der Einzelwissenschaften. Sofern man die umfassende Erkenntnis als Ziel der Philosophie anerkennt und die Methoden zur Erreichung dieses Ziels möglichst offen hält, beziehen sich auch die Einsichten der Philosophie auf eine *Wirklichkeit*, die nicht von vornherein als von der empirisch erfahrbaren Wirklichkeit abge-

trennt oder dieser gegenüber primär angesehen werden muss (was aber auch nicht ausgeschlossen werden kann). Die Tatsache, dass manche Philosophen, etwa Parmenides, Platon, Kant und Hegel, eine solche Abtrennung und Primarität einer nichtempirischen Wirklichkeit und eine, dieser nichtempirischen Wirklichkeit korrespondierende synthetisch-apriorische Erkenntnis annahmen, kann nicht als notwendiges oder auch nur regelmäßiges Merkmal der gesamten philosophischen Suche nach Erkenntnis angesehen werden, weil die Philosophie als historisches und soziales Phänomen viel offener, umfassender und vielgestaltiger ist. Die Frage nach der Möglichkeit oder Unmöglichkeit synthetisch-apriorischer Erkenntnis ist vielmehr selbst eine spezifische philosophische Sachfrage. Ihre positive oder negative Beantwortung vermag deshalb nicht notwendige Bedingung eines beschreibenden Philosophiebegriffs zu sein.

Wenig überzeugend ist schließlich auch die aus dieser sprachphilosophischen Skepsis abgeleitete Forderung, die Philosophie solle *ihre Aufgabe ausschließlich in der Sprach- und Argumentationsanalyse* finden. Die für die Philosophie charakteristische Suche nach dem *Allgemeinen*, dem *relativ Invarianten*, ist für die Sprache tendenziell weniger aussichtsreich als für die minder veränderlichen *allgemeinen Strukturen unserer Welt und deren Erkenntnis*, welche durch die sehr anpassungsfähigen Mittel der Sprache ausgedrückt werden. *Die Sprache ist prinzipiell erheblich veränderlicher als diese grundlegenden Strukturen, die als in allen möglichen Zusammenhängen relativ konstant angenommen werden.* Deshalb erscheint es keine gut begründete Strategie, die philosophische Suche nach Einsicht ausschließlich oder auch nur überwiegend auf die sehr veränderlichen Tatsachen der Sprache zu richten. Man kann auf diese Weise nicht hoffen, alle Strukturen unserer Welt verbinden, also umfassende Einsicht in den Gegenstand der Philosophie finden zu können. Mehr als eine sinnliche Erfassung, Beschreibung und Erklärung der konkreten Sprachverwendung einzelner Sprachen ist offenbar nur in begrenztem Maße möglich. Und für diese Aufgabe erscheint die *Linguistik* als empirische Einzelwissenschaft methodisch grundsätzlich besser gerüstet als die Philosophie.

Wie bei den anderen Formen der Skepsis sollte man sich im Übrigen auch bei der sprachphilosophischen Skepsis die Situation in den Einzelwissenschaften verdeutlichen: Die Einzelwissenschaften verbinden etwa Ausdrücke mit Ausdrücken auf derselben Abstraktionsstufe oder mit solchen auf höheren oder niederen Abstraktionsstufen. Die Biologie formuliert etwa Sätze wie: »Jedes Insekt ist ein Lebewesen. Und jedes Lebewesen unterliegt den Gesetzen der Evolution. Also gelten die Gesetze der Evolution auch für jedes Insekt.« Wenn derartige Urteile unter Verbindung von Ausdrücken verschiedener Abstraktionsstufen sinnvoll sind, so lässt sich nicht einsehen, warum mit dem Erklimmen der höchsten Abstraktionsstufen in den jeweiligen Einzelwissenschaften eine prinzipielle Grenze der Ausdrückbarkeit erreicht sein soll. Der Informationsgehalt solcher, die Biologie als Einzelwissenschaft übersteigender Sätze, wie »Jedes Lebewesen ist ein Ding mit Eigenschaften«, mag nicht sehr groß sein. Aber es ist nicht erkennbar, wieso ein derartiger philosophischer Satz nicht sinnvoll sein sollte, sofern der biologische Satz »Jedes Insekt ist ein Lebewesen« als sinnvoll angesehen wird.

Damit soll nicht gesagt werden, alle philosophischen Ausdrücke, die jemals gebraucht wurden, seien bedeutungsvoll gewesen. Aber das lässt sich für die Einzelwissenschaften auch nicht behaupten, etwa nicht von dem lange Jahre von vielen Physikern verwandten physikalischen Ausdruck »Äther«. Eine Aufgabe der Einzelwissenschaften wie der Philosophie besteht gerade darin, die Bedeutung ihrer Ausdrücke aufzuklären. Ein allgemeiner Sinnlosigkeitsverdacht gegenüber der Sprache der Philosophie lässt sich aus der historisch-zufälligen Bedeutungslosigkeit einzelner ihrer von manchen Philosophen verwendeten Ausdrücke nicht herleiten.

Man könnte allerdings vielleicht einwenden, der Ausdruck »Welt« sei gerade ein solcher bedeutungsloser Ausdruck und damit sei das erkenntnistheoretische Ziel einer umfassenden Suche nach Einsicht in alle Strukturen bzw. die allgemeine Struktur der Welt seitens der Philosophie bereits sprachlich nicht sinnvoll formulierbar.

»Welt« ist zwar kein Ausdruck, der eine Eigenschaft eines Gegenstands oder einer Tatsache bezeichnet, also kein Prädikat, jedenfalls kein normales Prädikat. »Welt« ist auch kein Ausdruck für dasjenige Einzelne, welches nach der klassischen Vorstellung einer Eigenschaft zugrunde liegt (hypokeimenon, ousia, substantia). Aber es gibt jenseits der Bezeichnung für Eigenschaften und der Bezeichnung für dasjenige, das diesen Eigenschaften als individuelle Entität zu Grunde liegt, auch noch Termini, die lediglich eine umfassende Funktion haben. »Wasser« umfasst etwa in einer der Verwendungsweisen dieses Ausdrucks alle raum-zeitlichen Konkretisierungen von Wassermolekülen. Ebenso umfasst »Welt« bzw. »Gesamtes« oder »Gesamtheit« als eine Art Namen bzw. deiktischer Ausdruck für alles alle Dinge, Tatsachen, Phänomene, Gegenstände, Möglichkeiten usw. Es ist nicht ersichtlich, was gegen diese allgemeine Umfassung in einem namensartigen Ausdruck sprechen sollte, wenn man Namen als solche und partiale Zusammenfassungen wie »Wasser« auf der einen Seite und den Allquantor auf der anderen Seite für bedeutungsvoll hält.

Wenn der Ausdruck »Welt« alles umfasst, dann kann die Pluralisierung zu »Welten« nicht dieselbe Bedeutung haben, so wie es keine »Wässer« geben kann, außer in bestimmten sehr konkreten und speziellen sprachlichen Vorkommnissen, wie »Gewässer« oder »Heilwässer« (Heilquellen), die ihrerseits Teil von »Wasser« sind. Zu beachten ist also, dass die Pluralisierung des Ausdrucks »Welt« zu »Welten«, beispielsweise in Verbindung mit Adjektiven, etwa mit »möglich« zu »mögliche Welten« als einem von manchen Philosophen gebrauchten philosophischen Kunstbegriff, zu einer anderen, neuen Bedeutung des Ausdrucks »Welt« führt, die nicht mehr dem namensartigen allgemeinsprachlichen Verweis auf das Gesamte als Gegenstand der Philosophie entspricht.

Die sprachphilosophische Skepsis kann also insgesamt nicht überzeugen. Wie viele Übertreibungen könnte sie aber einen zutreffenden Kerngedanken enthalten. Der zutreffende Kerngedanke der Philosophie- bzw. Metaphysikkritik des logischen Positivismus könnte in der *Warnung an die Philosophie liegen, rein aus sich selbst heraus völlig von anderen Formen der Erkenntnis wie den Einzelwissenschaften oder der Alltagserfahrung abgelöste Begriffe und Ausdrücke in größerem Umfang oder mit zentraler Funktion zu erzeugen*, etwa Begriffe und Ausdrücke wie Substanz, Akzidenz, Entität, Universale, Apriori, mögliche Welt, Absolutes, Lebenswelt, Wahrmacher (truth-maker), Qualia usw. Weil die Philosophie nur nach der Gesamtheit aller Strukturen bzw. Gegenstände und den allgemeinsten Gegenständen suchen kann, scheint es ihr – was

allerdings noch näher zu diskutieren und zu begründen wäre –
grundsätzlich verwehrt, in größerem Umfang vollkommen neue,
nicht wirklich, sondern nur anscheinend welthaltige Begriffe und
Ausdrücke zu prägen. Sie muss ihre wesentlichen Begriffe vielmehr
aus unserem Alltagswissen und den Einzelwissenschaften entleh-
nen. Eigengeprägte Begriffe darf sie allenfalls sehr vorsichtig und
beschränkt und vor allem zum Zweck der internen Systematisierung einsetzen, sofern sie diese in einen engen definitorischen Zusammenhang mit philosophieexternen Begriffen zu bringen vermag (vgl. dazu Kapitel VII. 13).

4. Schließlich bleibt als letzte Stufe der *skeptischen Selbstinfragestel-*
lung die am Anfang dieses Versuchs und im vorletzten Abschnitt
angesprochene *skeptische Metafrage*, ob es der Philosophie *über-*
haupt möglich ist, über sich selbst zu philosophieren. Ein derartiges
Selbstverständnis der Philosophie könnte aus verschiedenen Gründen unmöglich sein, etwa aus logischen, physikalisch-naturgesetzlichen, sprachlichen oder sinnhaft-inhaltlichen Gründen.

Logisch unmöglich wäre ein derartiges Philosophieren über sich
selbst, wenn es notwendig den Verstoß gegen logische Gesetze im-
plizieren würde, etwa den Verstoß gegen das *Widerspruchsprinzip*,
falls es also zum Beispiel gleichzeitig Handeln und Nichthandeln
wäre oder ein Ziel erstreben und nicht erstreben müsste. Dies tut
selbstbezügliches Handeln im Allgemeinen und die Selbstbezugnahme der Philosophie im Besonderen sicher nicht. Im Übrigen
bezieht sich der einzelne Philosophierende – und in der Realität
können immer nur einzelne Philosophierende philosophieren –,
sofern er seine Aufmerksamkeit auf die Philosophie richtet, also
etwa der Autor dieses Versuchs, ja nicht lediglich auf sein eigenes Tun, sondern auch auf das Tun aller anderen Philosophierenden.

Physikalisch-naturgesetzlich unmöglich wäre ein derartiges Philosophieren über sich selbst, wenn es versuchen würde, sich über
die *Naturgesetze* hinwegzusetzen. Die Wendung der Philosophie
auf sich selbst unterscheidet sich aber in physikalisch-naturgesetz-
licher Hinsicht nicht von jedem anderen Philosophieren über andere Gegenstände und sonstigen wissenschaftlichen Unternehmen.
Die Differenz liegt lediglich auf der sprachlichen Ebene verschiede-

ner sprachlicher Zeichen sowie auf der sinnhaft-inhaltlichen Ebene verschiedener Handlungsziele.

Sprachlich unmöglich wäre ein derartiges Philosophieren über sich selbst, wenn es Anforderungen jenseits der uns zur Verfügung stehenden syntaktischen, semantischen oder pragmatischen Ressourcen der Sprache stellen würde. Die ersten Seiten dieses Versuchs zeigen aber, sofern der Leser sie als sprachlich im Wesentlichen korrekt wahrgenommen hat, dass dies nicht zutrifft. Die Sprache ist enorm vielgestaltig und entwicklungsfähig und enthält eine Vielzahl selbstbezüglicher Wörter und Äußerungen. Es ist nicht einsehbar, warum einzelne Erkenntnisse des Philosophierens über sich selbst sprachlich nicht ausdrückbar sein sollten. Sie unterscheiden sich nicht grundsätzlich von den Erkenntnissen anderer selbstbezüglicher Gegenstände, die wir ohne Weiteres als sprachlich explizierbar ansehen.

Sinnhaft-inhaltlich unmöglich wäre ein derartiges Philosophieren über sich selbst, wenn auf der gedanklichen Ebene der Selbstbezugnahme ein unlösbarer Widerspruch entstünde. Dafür könnte man wie folgt argumentieren: Für die Selbstbezugnahme der Philosophie scheint es nur zwei inakzeptable Alternativen zu geben. Entweder die philosophische Selbstbezugnahme ist *nicht Teil der Philosophie als Ganzes*, dann kann sie keine *philosophische* Perspektive auf die Philosophie einnehmen, was zur Ausgangsannahme der Selbstbezugnahme als philosophischer Suche nach Erkenntnis im Widerspruch steht. Oder die Selbstbezugnahme ist *Teil der Philosophie als Ganzes*, dann muss sie sich als Perspektive auf die Philosophie als Ganzes auch auf sich selbst beziehen, weil sie ja Teil der Philosophie als Ganzes ist. Nötig ist dann aber eine philosophische Selbstbezugnahme zweiter Stufe. Für diese philosophische Selbstbezugnahme zweiter Stufe gilt nun aber wieder das gleiche wie für die philosophische Selbstbezugnahme erster Stufe: Entweder sie ist nicht Teil der Philosophie als Ganzes, dann widerspricht dies dem Erfordernis der philosophischen Perspektive, oder sie ist Teil der Philosophie als Ganzes, dann muss sie sich auch auf sich selbst beziehen und man benötigt deshalb eine Selbstbezugnahme dritter Stufe auf die Selbstbezugnahme zweiter Stufe, für welche nun wieder die gleiche Alternative gilt, entweder nicht Teil der Philosophie und damit keine philosophische Perspektive zu sein, oder Teil der Philosophie zu sein und eine weitere Selbstbezugnahme vierter Stufe zu erfordern usw. ad infinitum.

Die Lösung dieses scheinbaren Dilemmas liegt in einem präziseren Verständnis dessen, was man mit »Philosophie als Ganzes« meint. Verbindet man damit eine räumliche und/oder zeitliche Vorstellung, so kann die Selbstbezugnahme nicht gleichzeitig räumlich und/oder zeitlich innerhalb und außerhalb der Grenze des raum-zeitlich abgegrenzten Untersuchungsgegenstands liegen. Dann wäre es unmöglich, dem Dilemma zu entkommen. Als raum-zeitliches Objekt ist die Philosophie allerdings allenfalls Gegenstand einer naturwissenschaftlichen bzw. naturalistischen und nicht einer philosophischen Perspektive. Für die philosophische Perspektive ist das Philosophieren dagegen zumindest auch menschliches Handeln und insofern durch das Wollen bzw. konkreter das Ziel dieses Handelns und seine Mittel bestimmt. Versteht man dieses Ziel und seine Mittel, so schließt das gleichzeitig das Verständnis des Ziels und der Mittel der philosophischen Selbstbezugnahme aus einer philosophischen Perspektive ein. Dann besteht keine Notwendigkeit einer weiteren Bezugnahme auf diese philosophische Selbstbezugnahme (vgl. Kapitel III. 9). Ein unendlicher Regress tritt nicht ein.

Im Übrigen richtet sich die philosophische Bezugnahme eines einzelnen Philosophierenden auf die Philosophie immer auch auf das Handeln anderer einzelner Philosophierender, was nicht problematischer als andere derartige Fremdbezugnahmen aller anderen Wissenschaften ist.

Das führt zu folgender Einsicht: Eine Metareflexion kann die Unmöglichkeit des vorliegenden Versuchs einer philosophischen Suche nach Erkenntnis der Philosophie nicht zeigen – davon ganz abgesehen, dass seine Realisierung diese Unmöglichkeit dementiert.

VI. Philosophische Qualität

Nachdem verschiedene Versuche der Skepsis gegenüber dem in den ersten vier Kapiteln skizzierten Philosophiebegriff kritisiert wurden, kann jetzt der *dritte, nunmehr normative Schritt* folgen. Man kann untersuchen, was innerhalb des als Philosophie identifizierten Phänomens *gutes und richtiges Philosophieren von weniger gutem und richtigem Philosophieren unterscheidet.* Versteht man die Philosophie als Suche nach umfassender Einsicht, dann ist neben der deskriptiven auch diese normativ-wertende Perspektive legitimer und wichtiger Teil jeder adäquaten Erörterung der Frage, was die Aufgabe des Philosophierens sein kann, denn diese Aufgabe lässt sich angesichts der Allgemeinheit des Ziels der Philosophie und deren Methodenoffenheit eben nicht nur deskriptiv, sondern auch normativ beurteilen.

1. Eine erste Antwort liefern acht *allgemeine Kriterien bzw. Gütekriterien jeder Suche nach Erkenntnis*, insbesondere jeder *wissenschaftlichen* Suche nach Erkenntnis, die auch für die spezifisch *philosophische* Form der Suche nach Erkenntnis gelten. Diese acht Gütekriterien sind die Folgenden: (1) Unterscheidung/Differenzierung/Analyse, (2) Ordnung/Systematisierung, (3) Vollständigkeit, (4) Begründetheit, (5) Widerspruchsfreiheit, (6) Klarheit/Exaktheit/Präzision, (7) Einfachheit, (8) Fruchtbarkeit. Sie werden nachfolgend einzeln erläutert:

(1) Jeder untersuchte Gegenstand muss so weit *unterschieden* (differenziert, analysiert) werden, bis das jeweils bestmögliche Verständnis bzw. die bestmögliche Lösung eines in Frage stehenden Problems – sofern es diese gibt – erreicht ist. Dabei stellt sich allerdings im Einzelfall immer die Frage, welcher Gesichtspunkt für die Unterscheidung leitend ist. Und es stellt sich die weitere Frage, was das jeweils bestmögliche Verständnis ist, wie weit also die Analyse gehen soll. Für die Einzelwissenschaften ist es zweifelhaft, ob man

eine derartige Grenze der Analyse in abstracto für jeden einzelnen Fall angeben kann. Grundsätzlich wird es richtig sein, so weit wie möglich zu analysieren. Für die Philosophie gilt dagegen etwas anderes: Wegen der Allgemeinheit ihres Gegenstands und der Umfassendheit ihres Erkenntnisziels darf die Analyse nicht zu weit getrieben werden. Andernfalls kann das spezifische philosophische Ziel umfassender Einsicht in die allgemeine Struktur der Welt nicht mehr erreicht werden. Man überschreitet dann die Grenze zur jeweiligen Einzelwissenschaft. So wird etwa eine Untersuchung, die sich ohne Bezug zu außersprachlichen Phänomenen ausschließlich auf einzelne Formen der Sprache beschränkt, etwa eine bloße Studie der grammatischen Form der indirekten Rede in einzelnen oder mehreren Sprachen, zu einer einzelwissenschaftlichen Untersuchung der Linguistik. Sie kann als solche dann natürlich außerordentlich erkenntnisfördernd und damit wertvoll sein. Aber es handelt sich nicht mehr um eine philosophische Untersuchung.

(2) Die Teile eines Gegenstands müssen in einen begründeten Zusammenhang gebracht, also *geordnet* (systematisiert) werden. Damit ist nicht die spezielle Form einer axiomatisch-deduktiven Ordnung gefordert. Man kann nicht annehmen, dass sich alle Wissenschaften in eine ebenso strenge Ordnung wie die Mathematik und die formale Logik transformieren lassen. Das trifft aus den in Kapitel IV. 2 erwähnten Gründen auch für die Philosophie zu. Im Übrigen gilt: Ordnung ist kein Selbstzweck, sondern nur Mittel der philosophischen Suche nach Erkenntnis.

(3) Die Untersuchung eines Gegenstands ist umso besser, je *vollständiger* alle wichtigen Teile und Gesichtspunkte berücksichtigt werden. Vollständigkeit ist allerdings nur ein Ideal. Nicht für alle Gegenstände unserer Suche nach Erkenntnis ist es praktisch erreichbar. Wichtig ist, die Gründe für seine Erreichbarkeit oder Nichterreichbarkeit zu reflektieren.

(4) Jeder der drei bis hierher beschriebenen Schritte, also die Analyse des Untersuchungsgegenstands in einzelne Teile, die Ordnung bzw. Systematisierung dieser Teile und die Vollständigkeit oder Nichterreichbarkeit der Vollständigkeit der Analyse bzw. Berück-

sichtigung dieser Teile sind zur Sicherung unserer Überzeugung so gut wie möglich zu *begründen*. Und zwar sowohl in ihrer Einzelheit als auch in ihrer Bedeutung für die Gesamtheit der vorgeschlagenen Lösung. Dabei können alle Schritte bereits implizit eine gewisse Begründungslast tragen.

Die Einzelwissenschaften setzen nicht weiter zu rechtfertigende Begriffe, Axiome oder sonstige Festsetzungen voraus. Die Philosophie kann dagegen wegen der Umfassendheit ihrer Perspektive und der Abstraktheit ihres Gegenstands Begriffe oder Behauptungen nicht einfach zugrunde legen. Allerdings schließt das natürlich nicht aus, dass sich im Rahmen konkreter philosophischer Überlegungen einzelne Begriffe oder Behauptungen der Philosophie als unbegründbar herausstellen.

(5) Sichere Erkenntnis kann nicht erreicht werden, sofern die Ziele oder die Ergebnisse einer Suche nach Erkenntnis *widersprüchlich* sind. Jedes Philosophieren muss also wie jede andere Suche nach Erkenntnis interne Widersprüche ihrer Begriffe, Urteile und Theorien ausräumen. Allerdings ist es natürlich möglich, dass auf dem Weg zu diesem Ziel widerspruchsfreier Einsicht Widersprüche auftauchen. Diese Widersprüche können auch heuristisch fruchtbar sein, etwa wenn Paradoxien aufgedeckt werden und zu einer vertieften Einsicht in ein Phänomen führen. Es kommt also darauf an, derartige Widersprüche zu erkennen, zu erklären und schließlich – wenn möglich – aufzulösen, nicht aber, sie zu übergehen oder gar zu unterdrücken.

(6) Jede Erklärung eines Gegenstands muss gedanklich und sprachlich so *klar* (exakt, präzise) wie möglich – das heißt, soweit es Gegenstand, Ziel und Methode erlauben – gefasst werden. Die zentralen Begriffe und Gedanken sowie Worte und Sätze bedürfen der Präzisierung. Wo ihre Verwendung möglich ist, können quantitative (kardinale) Begriffe und Urteile gegenüber abgestuften (ordinalen) und diese wiederum gegenüber bloß einteilenden einen Gewinn an Exaktheit liefern. Gleiches gilt für Formalisierungen der Logik. Aber die Exaktheit ist nur eines der Gütekriterien der Philosophie. Sie ist überdies nur Mittel zum Zweck der umfassenden Einsicht, nicht Selbstzweck.

Die Ästhetik der sprachlichen Darstellung, also die Rhetorik, hat, sofern sie die Klarheit der Begriffe und Gedanken nicht beeinträchtigt, einen gewissen eigenständigen Wert. Sie darf gegenüber der Sachdarstellung allerdings keine Überhand gewinnen.

Bei allen berechtigten Forderungen nach Klarheit des Philosophierens sollte man sich immer bewusst bleiben, dass die Allgemeinheit des philosophischen Gegenstands und die Umfassendheit der philosophischen Perspektive es in vielen Fällen ausschließen, eine den Einzelwissenschaften und vor allem der Mathematik und den Naturwissenschaften vergleichbare Exaktheit zu erreichen. Im Rahmen einer Untersuchung des Begriffs des Wissens kann man etwa nicht erwarten, ähnlich präzise wie bei der molekularen Analyse des Hämoglobins vorgehen zu können, denn Begriffe lassen sich nicht derart scharf und eindeutig wie Dinge und Tatsachen in Raum und Zeit zerlegen.

Man darf deshalb in der Philosophie keine Scheingenauigkeit der Durchführung und der Ergebnisse erstreben, weil ihre fundamentalen Begriffe aus sachlichen Gründen nicht so präzise sein können wie etwa mathematische Begriffe. Das ist eine Einsicht, die in ähnlicher Form jedem Einzelwissenschaftler vertraut ist. Wenn etwa Messresultate nur auf eine Stelle hinter dem Komma zu ermitteln sind, so darf man keine Pseudopräzision vortäuschen, indem man ohne weiteren Kommentar ein Multiplikationsergebnis mit zwei oder mehr Stellen hinter dem Komma angibt. Vergleichbares gilt für die Untersuchungen und Ergebnisse der Philosophie.

Das bedeutet nicht, dass die Philosophie nicht auch in Einzelfällen zu klaren konkreten Ergebnissen kommen kann. Mit Hilfe der Logik lassen sich etwa einzelne Argumente als fehlerhaft erweisen. Und im Rahmen der angewandten Ethik kann man einzelne Konflikte mit guten Gründen einer Lösung zuführen, etwa die Frage nach der Wiedergutmachung erlittenen Unrechts.

(7) Jede Erkenntnis wird durch *Einfachheit* in ihren Voraussetzungen und Mitteln sparsamer und besser verständlich. Das Philosophieren sollte deshalb so einfach wie möglich sein. Allerdings gilt auch hier, dass Einfachheit nicht das einzige oder gar vorrangige Gütekriterium ist. Sie ist lediglich Mittel zum Zweck der umfas-

senden Einsicht. Die anderen Gütekriterien sind grundsätzlich wichtiger.

(8) Jede Erkenntnis muss *fruchtbar* sein, das heißt sie muss weitere Erkenntnisse und praktische Konsequenzen ermöglichen. Dabei kann die konkrete Form der Fruchtbarkeit so unterschiedlich ausfallen, dass sich nur schwer weitere allgemeine Aussagen über dieses Kriterium treffen lassen.

2. Wesentliches Merkmal guter einzelwissenschaftlicher Forschung ist jenseits dieser acht Gütekriterien die *Neuheit* bzw. *Originalität* ihrer Ergebnisse. Niemand interessiert sich in den Einzelwissenschaften für bereits Bekanntes, mag es auch noch so wahr sein. Für das Wissen des Alltags gilt dagegen das genaue Gegenteil. Dort ist entscheidend, dass jeder einzelne Mensch bestimmte, allgemein verbreitete praktische Kenntnisse erwirbt, etwa Lesen und Schreiben sowie die Regeln der Kommunikation. Es spielt keine Rolle, dass dieses praktische Wissen für die Allgemeinheit nicht neu ist. Eine allgemeine Neuheit wäre geradezu fatal. Im Straßenverkehr muss etwa jeder davon ausgehen können, dass die anderen Verkehrsteilnehmer vergleichbare Kenntnisse haben, zum Beispiel hinsichtlich des von Verkehrszeichen geforderten Verhaltens.

Ähnelt die Philosophie im Hinblick auf die Bedingung der Neuheit eher den Einzelwissenschaften oder dem Wissen des Alltags? In der akademischen Philosophie gilt das Erfordernis der Originalität sicherlich so wie in den Einzelwissenschaften. Dort sind nur neue Einsichten wertvoll. Was bereits bekannt ist, lässt sich nachlesen. Seine Wiederholung hat keinen Wert – es sei denn, es ist in Vergessenheit geraten oder wird auf neue Art und Weise wiederverstanden oder wiederverdeutlicht. Die Tradition kann unter verändertem Blickwinkel zu neuem Recht kommen, etwa in der erneuten Interpretation klassischer Texte der Philosophie. Die Frage nach der Neuheit der Philosophie hängt mit derjenigen nach der Möglichkeit eines philosophischen Fortschritts zusammen, die in Kapitel IX. noch näher erörtert werden wird.

Die Philosophie kann aber wie das Wissen des Alltags auch ohne Neuheit für die Welterkenntnis jedes einzelnen einen hohen

Wert haben. Das Erfordernis der Neuheit gilt also mit den soeben erwähnten Einschränkungen bis zu einem gewissen Grade für die akademische Philosophie, nicht aber für Formen der Philosophie, die über die akademische Sphäre hinausreichen. In Kapitel XI. wird noch zu erwägen sein, wie und warum solche Formen der nicht-akademischen Philosophie bestehen.

Man kann sich schließlich fragen, ob nicht auch die *Wahrheit* ihrer Sätze, Schlüsse, Thesen, Theorien und Resultate ein Gütekriterium der Philosophie ist. Wie bei jeder anderen Art der Erkenntnis wird man dies kaum bezweifeln können. Allerdings bleibt diese Einsicht wenig ertragreich, solange man nicht erklärt hat, was Wahrheit im Allgemeinen der Erkenntnis und im Besonderen der Philosophie bedeutet und ob sich die Wahrheit nicht vielleicht in beiden Bereichen unterscheidet. Das sind nun aber bereits höchst umstrittene philosophische Sachfragen, deren Erörterung hier nicht versucht werden kann. In den Folgekapiteln wird jedoch deutlich werden, dass die Wahrheit in der Philosophie weniger Tatsachenwahrheit als vielmehr begriffliche Wahrheit erfordert, das heißt die adäquate Einsicht in Begriffe bzw. Kategorien.

3. Ist menschliches Handeln auf ein Ziel gerichtet, so muss es vor aller weiteren Bewertung – etwa hinsichtlich seiner Gerechtigkeit und Nützlichkeit – zunächst mit Bezug auf dieses Ziel verstanden und beurteilt werden. Und zwar zum einen im Hinblick auf die Art und Weise, dieses Ziel sicher zu erreichen. Und zum anderen im Hinblick auf das Maß, in dem das Handeln sein Ziel tatsächlich erreicht. Die Philosophie dient der Suche nach einer auf die allgemeine Struktur der Welt gerichteten, möglichst umfassenden, methodenoffenen und selbstaufgeklärten, das heißt unser einzelnes Wissen möglichst weitgehend verbindenden Einsicht. Gutes und richtiges Philosophieren wird also dasjenige Philosophieren sein, das methodisch möglichst erfolgversprechend nach dieser Einsicht sucht. Aber was heißt das genauer?

An dieser ganz entscheidenden Stelle der Selbstreflexion auf die Philosophie kann ein Rückblick auf ihre Geschichte helfen. Als dritte große Entwicklung der Philosophiegeschichte war in Kapitel IV. 4 die Verlagerung ihres methodischen Schwerpunkts von der direkten Suche nach dem *Sein* in Antike und Mittelalter über die Untersuchung der *Erkenntnis* in der Neuzeit bis hin zur Analyse der *Sprache* im 19. und 20. Jahrhundert beschrieben worden. Diese Verlagerung des methodischen Schwerpunkts gleicht der Situation eines Menschen in einem dunklen Raum, der nacheinander versucht, alle Wände abzutasten, um seine Umgebung möglichst vollständig zu erkunden. Das menschliche Philosophieren hat im Verlaufe seiner Geschichte durch immer weiteres Zurücktreten alle Bedingungen seiner Möglichkeit und Wirklichkeit aufzuklären versucht. Es scheint nun aber – allerdings lässt sich das nur vermuten, nicht beweisen – der Punkt gekommen, an dem kein entscheidendes weiteres derartiges Zurücktreten mehr möglich ist. Hinter der Sprache gibt es – zumindest aus heutiger Sicht – offenbar keinen weiteren zentralen Aspekt der Welt, der noch in ähnlicher Weise als grundsätzliche Bedingung der Sprache gelten kann – zumindest sofern man auf der Ebene des umfassenden Sinns bleibt und nicht auf die Ebene einzelner oder beschränkter Gegenstände, etwa des Körpers, der Materie, der Ökonomie oder der Gesellschaft als Gegenständen der Biologie, Physik, Wirtschafts- oder Gesellschaftswissenschaft wechselt, deren einzelwissenschaftliche Untersuchung dann ja keine philosophische mehr ist. Alle Wände des philosophischen Raums sind offenbar ausgemessen. Was bleibt dann noch übrig? Übrig bleibt, das, was man durch diese Versuche gelernt hat, zusammenzufassen. Alle Wände des abgetasteten, philosophischen Raums sind als einzelne Wände dieses einen ganzen Raums zu verstehen. Die umfassende Perspektive der Philosophie muss also auch auf die eigenen Versuche der Welterkenntnis erstreckt werden. Nur die Zusammenschau der einzelnen Wände gibt ein adäquates Gesamtbild des zu erkennenden Raums. Das bedeutet: Weder ein fundamentaler Vorrang des erkenntnisbedingenden Seins bzw. der Gegebenheiten der Welt, noch der Erkenntnis dieser Welt, noch der Sprache dieser Gegebenheiten und Erkenntnis kann uns eine umfassende philosophische Einsicht in die allgemeinen Strukturen der Welt liefern. Die philosophische Einsicht muss vielmehr, um wirklich auf alle Gegenstände und Relationen gerichtet und in ihrem Ziel umfassend zu sein, die zu erkennenden Gegebenheiten, ihre Erkenntnis und ihre Sprache verbinden.

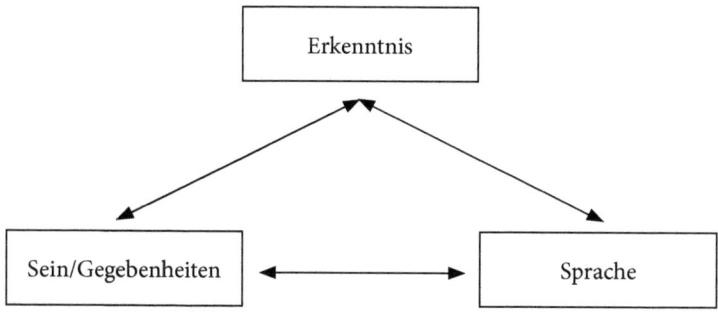

Die Philosophie als Ganzes darf folglich weder nur oder vorrangig Ontologie noch Erkenntnistheorie oder Sprachphilosophie sein. Sie muss alle drei Perspektiven gleichberechtigt vereinen.

Liegt die erste, wesentliche Methode der Philosophie in der Zusammenführung von Sein bzw. Gegebenheiten, Erkenntnis und Sprache, so lautet die entscheidende Frage: Wie kann diese Zusammenführung gelingen? Welcher Aspekt, der Sein, Erkenntnis und Sprache verbindet, ermöglicht diese Zusammenführung? Diese Fragen zielen natürlich schon auf unser Verständnis des Seins, der Erkenntnis und der Sprache und damit in die sachliche Philosophie. Deshalb hier nur eine vorläufige Skizze: Die Philosophie ist zwar in höchstem Maße offen für die Integration aller möglichen Methoden. Aber die Eigentümlichkeit ihres Gegenstands und ihres Ziels führt doch dazu, dass einige Wege in abstracto vielversprechender als andere erscheinen, um ihren Gegenstand zu erkennen und damit ihr Ziel zu erreichen.

VII. Philosophische Methode

1. Allgemeine Erkenntnis ist durch eine besondere Eigenart gekennzeichnet: *Mit zunehmender Allgemeinheit bzw. Abstraktion verringert sich die Distanz zwischen Gegebenheiten, Erkenntnis und Sprache.* Während wir etwa bei einem Apfel klar zwischen dem Ding des Apfels in der Welt, dem Begriff Apfel und dem Ausdruck »Apfel« unterscheiden können, so gelingt uns das bei abstrakteren Dingen, Begriffen und Ausdrücken wie Sein, Relation, Identität oder Differenz sehr viel schwerer. Bei derartigen Tatsachen bzw. Phänomenen *ziehen sich Gegebenheiten, Erkenntnis und Sprache quasi zu einem relativ einheitlichen Objekt zusammen,* und zwar eo ipso *stärker im Gegebenheiten und Sprache verbindenden und vermittelnden Glied der Erkenntnis* und damit im jeweiligen *Begriff* bzw. *Gedanken* als Mittel der Erkenntnis. Man kann diesen Sachverhalt das »*Gesetz der Distanzverringerung von Sein, Erkenntnis und Sprache proportional zur zunehmenden Allgemeinheit bzw. Abstraktheit des fraglichen Untersuchungsgegenstands, Begriffs bzw. Ausdrucks*« nennen:

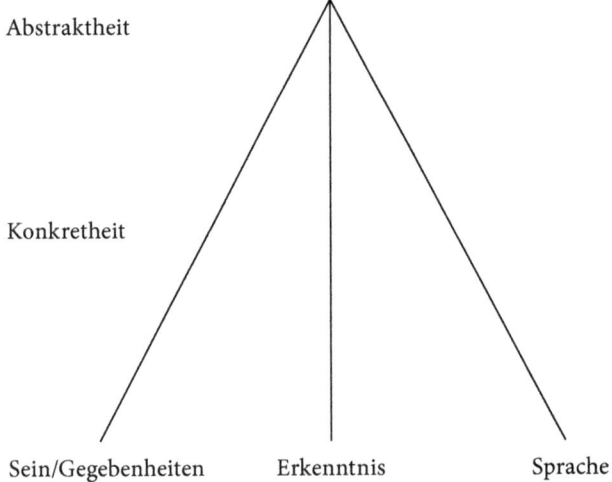

Abstraktheit

Konkretheit

Sein/Gegebenheiten   Erkenntnis   Sprache

Da es die Philosophie nun aber vor allem mit abstrakter Erkenntnis solcher Phänomene wie Existenz, Sein, Relation, Identität oder Differenz zu tun hat, bezieht sich philosophische Einsicht vor allem auf das Verbindende und die Umfassendheit des Denkens bzw. der Erkenntnis und sucht deshalb *vor allem mittels Einsicht in Begriffe, verstanden als Instrumente unserer Erkenntnis und Gestaltung, nach Einsicht in die allgemeine Struktur der Welt.* Anders als bei konkreten, empirisch erkennbaren Dingen bzw. Phänomenen wie grünen oder roten Äpfeln können wir hier nicht die Tatsachen selbst mit Hilfe unserer Sinne erkunden. Und auch der sprachliche Ausdruck ist stärker von unseren Vorstellungen, also unseren Begriffen und Gedanken, abhängig. Er ist deshalb erheblich variabler und instrumenteller als das Sein bzw. die Gegebenheiten selbst und die ihnen folgende Erkenntnis.

2. Es gibt in der Philosophie und allgemeinen Wissenschaftstheorie zwei grundsätzlich alternative Ansichten, mit welchem Element unserer Suche nach Erkenntnis wir die Welt vorrangig einzusehen vermögen: durch *Begriffe* oder durch *Gedanken bzw. Urteile.* Dabei sind Gedanken *Verbindungen von Begriffen* und Urteile *Wahrheits- bzw. Richtigkeitsbehauptungen von Gedanken.*

Nach der Ansicht vom *Vorrang der Begriffe* sind Begriffe in einem sehr weiten Sinn, also einschließlich Ideen, *notiones* usw. *die kleinsten, fundamentalen und deshalb allgemein vorrangigen Einheiten unserer Welterkenntnis.* Entscheidend für unsere Erkenntnis der Welt sind also Begriffe, wie blau, schön, heiß, Lebewesen, Kausalität, Relation oder Sein. Dabei werden Begriffe in einem erkenntnistheoretischen Sinne verstanden, also als Elemente unserer Erkenntnis (wie bei Locke, Hume oder Kant), nicht in einem ontologisch-realistischen Sinn als abstrakte Gegenstände der Welt oder in einem sprachlich-reduktionistischen Sinn als Worte oder Wortverbindungen.

Die Auffassung vom Vorrang der Begriffe stellt nicht die bereits von Kant formulierte Einsicht in Frage, *dass Begriffe nur in Urteilen vorkommen.* Diese Einsicht lässt sich auch dahingehend umkehren, dass Urteile notwendig Begriffe enthalten müssen. Über den erkenntnistheoretischen Vorrang von Begriff oder Urteil ist durch die Feststellung dieser wechselseitigen Abhängigkeit also nichts entschieden.

Nicht in Frage gestellt wird durch die These vom Vorrang der Begriffe auch, dass die Erfassung einzelner Begriffe die Abgrenzung zu anderen Begriffen erfordert. Dies ist als notwendige Bedingung der Begriffsbildung nicht zu bezweifeln. Begriffe sind nicht absolut, sondern bestehen nur relativ zu anderen Begriffen. Aber dies führt nicht dazu, dass Urteile als tatsächliche Verknüpfungen bestimmter Begriffe erkenntnistheoretisch vorrangig sind.

Begriffe wurden während beinahe zweitausend Jahren Philosophiegeschichte gegenüber Gedanken und Urteilen als vorrangig angesehen, etwa in verschiedenen Variationen von Aristoteles über Descartes, Locke, Leibniz und Hume bis hin zu Kant und Hegel. Dabei haben manche Theoretiker zwischen verschiedenen Arten von Begriffen in einem weiten Sinne unterschieden, etwa Locke, Hume und Berkeley zwischen »ideas« und »abstract ideas«, und Kant und Hegel zwischen Begriffen im engeren Sinn und Ideen, wobei beide darunter wiederum sehr Verschiedenes verstanden. Diese Theoretiker hatten auch unterschiedliche Ansichten, ob und wie diese Begriffe im weiten Sinne mit unseren sinnlichen Empfindungen der Anschauung zusammenhängen. Diese Differenzierungen sind hier aber nicht entscheidend. Entscheidend ist die gemeinsame Überzeugung vom allgemeinen Vorrang der Begriffe gegenüber den Gedanken und Urteilen im Rahmen der Welterkenntnis. Dieser allgemeine Vorrang schließt nicht aus, dass zu besonderen Zwecken auch Urteile oder andere Einheiten unseres Denkens wie Theorien – man denke an die theoretische Physik – eine herausragende Rolle spielen können. Es geht hier zunächst nur um den grundsätzlichen Vorrang im Hinblick auf die allgemeinen Mittel der Erkenntnis.

Viele klassische Abhandlungen der Logik waren bis ins 19. Jahrhundert aufgrund der allgemeinen Überzeugung vom Vorrang der Begriffe nach der Abfolge vom Einfachen zum Zusammengesetzten aufgebaut, also genauer nach dem *Dreischritt Begriff-Urteil-Schluss*. Beispiele sind Antoine Arnaulds *La logique ou l'art de penser* von 1685 (sog. Logik von Port Royal) oder auch noch Hermann Lotzes *Logik* von 1843. Erst ab der Mitte des 19. Jahrhunderts ändert sich dieser Aufbau.

Seit der zweiten Hälfte des 19. Jahrhunderts ist der allgemeinen Vorstellung vom Vorrang der Begriffe dann eine andere Auffassung entgegengesetzt worden. Dies geschah in ersten Ansätzen bereits bei Frege, dann aber insbesondere bei Mach, James, Russell, Wittgenstein und anderen vor allem empiristisch, sprachanalytisch und formallogisch orientierten Denkern. Nach dieser Auffassung sind *Gedanken bzw. Urteile, Überzeugungen, Annahmen oder Sätze* (thoughts, judgments, beliefs, propositions) *die vorrangigen Einheiten unserer Welterkenntnis,* also etwa ein Urteil wie »Dies ist blau«. Dieser *fundamentale und häufig nicht ausgesprochene Überzeugungswandel* wurde nicht zuletzt durch den Übergang von der Analyse der Erkenntnis zur Analyse der Sprache als methodischem Paradigma der Philosophie befördert, wenn auch wohl nicht ausschließlich herbeigeführt, da dieser Schritt in Ansätzen bereits bei traditionellen Logikern des ausgehenden 19. Jahrhunderts wie Sigwart und Erdmann zu erkennen ist.

Häufig wird im Rahmen dieser gewandelten Auffassung nicht mehr klar *zwischen gedanklichen und sprachlichen Formen der Bezugnahme auf die Welt unterschieden,* also Gedanke/Urteil und Satz einerseits sowie Begriff und Wort andererseits in eins gesetzt. Bei Sätzen ist aber der grundsätzliche holistische *Vorrang des Satzes gegenüber den Wörtern,* das sog. *Kontextprinzip,* viel einleuchtender, denn wir sprechen nur oder jedenfalls hauptsächlich in Sätzen. Wörter gewinnen also regelmäßig erst im Satzzusammenhang ihre Bedeutung oder können diese durch den Satzzusammenhang zumindest ändern. Ist etwa von einer »Bank« die Rede, so kann nur der Satz- oder Gebrauchszusammenhang zeigen, ob eine Park- oder eine Geschäftsbank gemeint ist. Vergleichbares gilt aber für die gedanklichen Formen *Begriff* und *Gedanke* nicht ohne Weiteres.

An dieser Stelle erscheint ein *Hinweis an den werten Leser* angebracht: Insbesondere die folgenden sechs Abschnitte VII. 3–7, aber – freilich in etwas geringerem Maße – auch die daran anschließenden Abschnitte der Kapitel VII. und VIII. sind etwas spezieller. Sie können, sofern man zunächst nicht mehr über die philosophische Methode der Begriffsanalyse erfahren will, im Rahmen einer ersten Lektüre des Buches auch übersprungen werden. Man kann also gleich bei Abschnitt VII. 8, bei Kapitel VIII. (Philosophische Kategorien) oder sogar Kapitel IX. (Philosophie, Geschichte und philosophischer Fortschritt) weiterlesen, um wieder zunehmend allgemeinere Erwägungen über die generelle Aufgabe der Philosophie zu erreichen.

3. Zur Frage, ob im Rahmen unserer Erkenntnis *Begriffe oder Gedanken bzw. Urteile vorrangig sind*, sollte man zunächst wieder die *Was ist?-Frage* einsetzen. Wie kann sie hier helfen?

Selbst wenn wir Begriffe mit Frege *objektiv* verstehen und *außerhalb unseres subjektiven Denkens* verorten, müssen wir sie irgendwie erfassen. Es muss also einen entsprechenden Erfassungsmechanismus unserer Kognition geben. Man kann die Teile dieses Erfassungsmechanismus dann aber ebenfalls als Begriffe, wenn nun auch in einem *mentalen Sinn*, verstehen. Nur diese Begriffe können aber im Rahmen der Frage nach dem Vorrang der Begriffe gegenüber den Gedanken bzw. Urteilen gemeint sein. Denn nur diese Begriffe liegen überhaupt mit den Gedanken auf einer einheitlichen, einen Vergleich erlaubenden Ebene der Erkenntnis. Dann gilt aber: Wie beim Philosophieren handelt es sich bei Begriffen und Gedanken um *Formen der Suche nach Erkenntnis* und damit um *Formen menschlichen Tätigseins bzw. Handelns* in einem weitesten Sinn. Sind aber Begriffe und Gedanken kognitive Formen menschlichen Handelns, so sind für ihr Verständnis vor allem ihre *Ziele bzw. Zwecke* entscheidend, nicht so sehr ihre raum-zeitliche Lokalisierung, etwa als mentale Einheiten im Kopf einzelner Menschen, als Objekte in der Welt oder als sprachlich-soziale Gebilde in einer Gesellschaft.

Welches Ziel verfolgen wir mit Begriffen und Gedanken? Zentrales Ziel, dem beide Formen dienen, ist die *Erkenntnis der Welt*. Dann stellt sich die wesentliche Frage: *Wie tragen Begriffe und Gedanken zur Erreichung dieses Ziels bei?* Dabei muss man davon ausgehen, dass sich ihr Beitrag nach unserer Auffassung unterscheidet, denn sonst würden wir sie nicht unterscheiden.

Zwei Annahmen werden nicht bezweifelt: (1) Jeder Mensch hat *durch Sinnesreize beeinflusste Empfindungen*, die auf eine bestimmte Art und Weise Eingang in seine Welterkenntnis finden. Damit ist nicht behauptet, dass jede einzelne Welterkenntnis auf sinnliche Empfindungen *rückführbar* ist. Ein Empirismus ist also nicht notwendig. (2) Jeder Mensch hat ab einem gewissen Alter *Gedanken* und fällt *Urteile*, die im Gegensatz zu Begriffen *wahr* oder *falsch* bzw. *richtig* oder *unrichtig* sein können. Bei diesen Gedanken bzw. Urteilen spielen sinnliche Empfindungen eine Rolle, wenn vielleicht auch nicht in jedem einzelnen Fall. Dann lässt sich folgende zweiteilige Begründung für einen Vorrang der Begriffe vor den Gedanken bzw. Urteilen formulieren:

Unsere Erkenntnis der Welt setzt *sinnliche Empfindungen* voraus, zwar sicher nicht immer in jeder einzelnen Erkenntnis, jedenfalls aber notwendig für die *Gesamtheit* unserer Erkenntnis. Diese unsere Welterkenntnis ist *keine undifferenzierte Einheit, sondern differenziert.* Es ist nun aber schlechterdings nicht vorstellbar, wie eine völlig undifferenzierte sinnliche Empfindung zu unserer differenzierten Welterkenntnis beitragen sollte bzw. aus welchen anderen Quellen dann die gesamte Differenziertheit unserer Welterkenntnis stammen sollte. Wenn dies so ist, dann wird man annehmen müssen, dass die sinnliche Empfindung auch zur Differenziertheit unserer Welterkenntnis beiträgt. Sinnliche Empfindung setzt aber, soll sie zu differenzierter Welterkenntnis beitragen, voraus, dass die einzelnen Sinnesempfindungen selbst differenziert, also nicht vollständig gleich sind. Denn wären sie vollständig gleich, so könnten wir nicht mehr tun, als sie zählen, und das selbst nur dann, wenn es uns möglich wäre, die bei der Zählung bereits berücksichtigten von den noch unberücksichtigten zu unterscheiden. Da wir somit nicht nur vollständig gleiche bzw. lediglich abgezählte Sinnesempfindungen haben können, sondern unterschiedliche Sinnesempfindungen brauchen, um eine differenzierte Welterkenntnis zu fördern, *muss erklärt werden, wie diese Differenziertheit unserer Sinnesempfindungen zustande kommt.*

Dafür gibt es *zwei Alternativen*: Die *Nichtgleichheit* unserer Sinnesempfindungen kann *rezeptiv* aus dem Unterschied der äußeren Sinnesreize oder *produktiv* aus der Form unserer Sinnesempfindung stammen. Was zutrifft bzw. wie hoch der jeweilige Anteil ist, braucht hier nicht geklärt zu werden. Allein entscheidend ist die Nichtgleichheit der einzelnen Sinnesempfindungen. Fraglich ist, wie sie verarbeitet wird. Dazu gibt es zwei Möglichkeiten, die man als »*Einzellösung*« oder als »*Begriffslösung*« bezeichnen könnte. Nach der *Einzellösung* würde jeder unterschiedliche Sinnesreiz einzeln als unterschiedlich wahrgenommen. Man bekäme also eine immer weiter anwachsende, unbegrenzte Zusammenfassung von unterschiedlichen einzelnen Sinnesempfindungen $X_1 \ldots X_n$. Bei der *Begriffslösung* werden dagegen unterschiedliche einzelne Sinnesempfindungen nicht immer über *alle* ihre Unterschiede individualisiert, sondern regelmäßig nur über ihre Stellung in Zeit und Raum, während alle anderen Unterschiede in einer überschaubaren Menge von ihrerseits unterschiedlichen Merkmalen zusammengefasst werden. Diese Zusammenfassung kann man als »Begriffe« bezeichnen. Man erhält dann eine Menge von Sinnesempfindungen, die zwar in der Anzahl ihrer raum-zeitlichen Individualisierungen immer noch unbegrenzt ist, nicht aber in der Zusammenfassung mittels begrifflicher Merkmale, etwa der Form A_1, B_2, C_3, A_4, C_5, D_6, B_7, $A_8 \ldots X_n$. Da die zahlenmäßig begrenzten Merkmale sich regelmäßig auf mehrere unterschiedliche raum-zeitliche Vorkommnisse beziehen, sind sie nicht einfach, sondern komplex. Wir erreichen also das, was man als »*Kategorisierung*« der einzelnen Empfindungen bezeichnet.

Man muss nun annehmen, dass die Einzellösung zwar nicht logisch, aber doch *faktisch* in einer Welt begrenzter Fähigkeiten zur Empfindungsverarbeitung *unmöglich* ist. Wir wären mit ihr zwar prinzipiell in der Lage, immer neue einzeln differenzierte Empfindungen in unsere Erkenntnis aufzunehmen. Aber wir wären wegen unserer beschränkten mentalen Kapazitäten nicht in der Lage, eine unbegrenzte Menge von einzelnen Empfindungen zu speichern, also uns an sie zu *erinnern*. Die *Erinnerung* ist aber die entscheidende Voraussetzung, um sie zu verarbeiten, sie also miteinander zu verbinden und zu ordnen. Es ist überdies auch schwer vorstellbar, wie es uns sonst gelingen sollte, mit einer prinzipiell unbegrenzten Menge von differenzierten Empfindungen umzugehen.

Die Einzellösung wäre überdies auch aus ontologischen und sprachphilosophischen Gründen außerordentlich unvorteilhaft. Wären in Raum und Zeit stabile Dinge – vorausgesetzt, man nimmt ihre Existenz an – nur über einzelne unterschiedliche Sinnesempfindungen erkenn- und systematisierbar, so wäre es uns nicht möglich, uns auf diese raum-zeitliche Stabilität einzustellen und sie von momentanen Eindrücken, also Luftspiegelungen oder einzelnen Tönen zu unterscheiden. Im Übrigen wäre es unmöglich, unbegrenzte Sinnesempfindungen in zahlenmäßig begrenzte Worte zu fassen – es sei denn, man würde auf der Ebene der Sprache wiederum eine Art der Zusammenfassung, also allgemeine Ausdrücke einsetzen. Damit würde sich aber die Frage stellen, auf welcher Ebene die Zusammenfassung erfolgt – zumindest sofern man die Ebenen des Denkens und der Sprache unterscheidet.

Die Einzellösung scheint also kognitiv unmöglich und ontologisch sowie sprachphilosophisch zumindest außerordentlich unvorteilhaft zu sein. Man wird annehmen müssen, dass die evolutionäre Entwicklung beim Menschen zu der kognitiv möglichen und vorteilhafteren Lösung geführt hat. Es gibt folglich keine zwingenden Gründe, an der Überzeugung des Alltags sowie der Psychologie und der Kognitionswissenschaft zu zweifeln, dass wir im Rahmen unserer sinnlichen Wahrnehmung grundsätzlich *Begriffe* im Sinne *mentaler Werkzeuge* verwenden und *zu Gedanken und Urteilen verbinden*.

Dabei können Begriffe unterschiedlich allgemein sein. Wie wir einen Regentropfen mit einem Fingerhut, einem Esslöffel, einer Tasse, einem Topf, einer Schüssel oder einem großen Becken auffangen können, so können wir auch einzelne Sinnesempfindungen mit unterschiedlich umfangreichen Begriffen zusammenfassen. Je abstrakter, das heißt allgemeiner allerdings die Begriffe werden, das heißt je größer ihr *Umfang* wird, desto *inhaltsärmer* werden sie (zumindest im Normalfall). Sie müssen sich auf das Gemeinsame einer immer größeren Menge von Sinnesempfindungen und – so glauben wir annehmen zu können – Gegenständen beziehen. Je abstrakter die Begriffe also werden, desto weniger sind sie regelmäßig – so kann man zumindest vermuten – von den einzelnen Sinnesempfindungen und desto mehr von ihren weniger allgemeinen Unterbegriffen und ihren allgemeineren Oberbegriffen abhängig.

Mit der Begründung ihrer Notwendigkeit zur Sinneswahrnehmung sind keine weiteren Annahmen über Begriffe verbunden. Man muss sie also *nicht* als *Bilder* oder auch nur als *Repräsentationen* der Realität ansehen. Dienen sie als allgemeine Instrumente zur Zusammenfassung singulärer sinnlicher Empfindungen, ist dies problematisch und für praktische Begriffe eher zu verneinen. Auch über eine ontologische Qualifikation oder Lokalisierung von Begriffen ist damit noch nichts gesagt. Insbesondere ist nicht behauptet, dass es sich um eigenständige raum-zeitliche Dinge handelt. Es können auch einfach Eigenschaften bzw. Relationen unserer mentalen Welterkenntnis sein. Man müsste dann präziser von »Begreifen« statt von »Begriffen« sprechen. Aber die Substantivierung des »Begreifens« zum »Begriff« ist unschädlich, wenn man sich klar wird, dass in der Sprache viele Tätigkeits- und Eigenschaftswörter substantiviert werden, ohne dass eigenständige, raum-zeitliche Dinge existieren. Aus dem »Spazierengehen« wird etwa der »Spaziergang«, ohne dass jemand auf die Idee käme, es handle sich um ein Ding, das vom Handeln des Spazierengehens unabhängig in Zeit und Raum bestünde. Vergleichbares gilt für »Erkennen« und »Erkenntnis«.

Nun ist aber bisher nur begründet worden, dass eine mentale Zusammenfassung für unsere sinnlichen Empfindungen und damit für unsere Welterkenntnis *notwendig* ist. Damit ist aber noch nicht gezeigt, dass von den beiden Alternativen der mentalen Zusammenfassung – den Begriffen und Urteilen – die Begriffe grundsätzlich *vorrangig* sind.

Dies lässt sich durch Verweis auf die *größere Nähe unserer Begriffe zu unseren Sinnesempfindungen zeigen*. Das zentrale Argument und damit der zweite Schritt der Begründung liegen also darin, dass Begriffe grundsätzlich *näher an der Zusammenfassung der Sinnesempfindungen stehen*. Die Sinnesempfindungen *werden zunächst immer in Begriffen gefasst*. Und erst die darauf aufbauende Verbindung von Begriffen führt zu Gedanken bzw. Urteilen. Gedanken bzw. Urteile müssen also Begriffe als Mittel zur Zusammenfassung der Sinnesempfindungen einsetzen, *während sich Begriffe direkt auf Sinnesempfindungen beziehen, das heißt in ihren Inhalten integrieren können*.

Begriffe kommen auf der anderen Seite zwar notwendig in Gedanken bzw. Urteilen vor. Aber diese Notwendigkeit ist keine Notwendigkeit der Zusammenfassung von Sinnesempfindungen, sondern eine der Ermöglichung von wahrheitsfähigen Behauptungen über die Welt. Begriffe sind also mit Bezug auf Sinnesempfindungen als unserer Verbindung zur Welt *in einem grundsätzlicheren Sinne notwendig als Urteile und deshalb vorrangig für unsere Welterkenntnis*.

Dies manifestiert sich in der Eigenschaft der *Kompositionalität* von Begriffen. Die Kompositionalität von Begriffen bedeutet, dass Gedanken, Urteile oder sonstige Begriffsverbindungen (z. B.

goldener Berg) *eine Funktion ihrer mit Hilfe von Regeln verbunde-*
nen Teile sind. Das heißt: Jeder beliebige Begriff kann mit anderen
Begriffen nach Regeln zu Urteilen verbunden werden. Urteile können dagegen nicht beliebig in Begriffe zerlegt werden. Wir können
etwa die beliebigen Begriffe golden und Berg zusammen mit dem
hinweisend-individualisierenden »dieses« zu dem Urteil »Dies ist
ein goldener Berg« verbinden. Wir können aber das Urteil »Dies
ist ein goldener Berg« nicht beliebig zerlegen, sondern letztlich nur
wieder in die Begriffe golden und Berg. Dabei ist es zunächst völlig
gleichgültig, ob dieses Urteil wahr oder falsch ist. Vor der Frage
nach Wahr- oder Falschheit stellt sich die Frage nach dem Sinn
des Urteils. Und dieser ergibt sich zunächst aus den eingesetzten
Begriffen sowie der korrekten Anwendung der Verbindungsre-
geln dieser Begriffe. Nur mit Hilfe der Kompositionalität lassen
sich zwei Phänomene unseres Denkens erklären: seine *Produkti-*
vität und seine *Systematik*. Seine Produktivität besteht in der Fähigkeit, aus begrenzten Begriffen und Regeln eine unbegrenzte
Vielzahl von Gedanken zu erzeugen. Seine Systematik liegt in
der Fähigkeit, im Falle der Kenntnis bestimmter Urteile auch andere Urteile bilden zu können. Wer zum Beispiel das Urteil »Peter
sah Paula« formen kann, kann auch das Urteil »Paula sah Peter«
fällen.

Man denke sich als Metapher eine Rouletteschüssel mit ihren
37 Einkerbungen der Zahlen 0–36. Bei jedem Spiel fällt die Kugel
in eine Einkerbung und es ergibt sich eine Tatsache der Art »Spie-
ler, welche auf die Roulettezahl X gesetzt haben, haben gewonnen«
sowie ein entsprechendes Urteil. Dieses Urteil setzt aber den vorrangigen *Begriff* der Roulettezahl und damit die jeweilige *Einker-*
bung in der Rouletteschüssel voraus. Die Einkerbung und ebenso
der Begriff der Roulettezahl sind *näher an der Realität des sinnlich*
wahrgenommenen Gegebenen als die Urteile.

4. Die Tatsache, dass Begriffe *Instrumente unseres Denkens und*
unserer Erkenntnis der Welt sind, schließt nicht aus, sie als relativ
objektiv anzusehen. Wir unterscheiden sehr klar zwischen subjektiven bzw. beliebigen Formen unseres Denkens, wie Gefühlen,
Wünschen oder Meinungen, und Begriffen. Begriffe können ihre
Funktion der Welterkenntnis und Weltbewertung nicht erfüllen,

wenn sie nicht soweit als möglich von subjektiven Zufälligkeiten freigehalten werden.

Mit der Einsicht in den Vorrang der Begriffe als Einheiten unserer Erkenntnis ist wie gesagt noch keine Entscheidung über ihren ontologischen Status gefallen. Es mag sein, dass Begriffe keine isolierten Entitäten in Raum und Zeit sind, sondern nur menschliche Fähigkeiten oder Eigenschaften von Handlungen. Mit der Bejahung von Begriffen ist auch keine Entscheidung im Streit um die grundsätzlichen Alternativen des naturalistischen Reduktionismus aller Realität auf Materie, des Dualismus zwischen Materie und Mentalem oder eines idealistischen Monismus des Mentalen getroffen worden. Jede dieser Ansichten kann Begriffe als vorrangige Instrumente unserer Erkenntnis akzeptieren.

Mit der Entscheidung für den allgemeinen Vorrang der Begriffe gegenüber den Gedanken bzw. Urteilen ist aber natürlich auch noch nicht beantwortet, wie Begriffe in der Lage sein sollen, die am Anfang dieses Kapitels gestellte Aufgabe zu erfüllen, wie sie also den Zusammenhang zwischen Gegebenem, Erkenntnis und Sprache herstellen und damit zum zentralen – wenn auch selbstredend nicht ausschließlichen, sondern in vieler Hinsicht zu ergänzenden – Instrument philosophischer Einsicht in die Welt werden können. Begriffe sind zunächst einmal eine Kategorie der Erkenntnis. Sie sind Instrumente unserer Erkenntnis der Welt.

Das am Anfang dieses Kapitels bereits erwähnte, für die Philosophie besonders bemerkenswerte und interessante Phänomen ist nun, dass die Grenze zwischen dem *Sein* bzw. den *Gegebenheiten*, der *Erkenntnis* dieses Seins und dem *sprachlichen Ausdruck* dieses Seins und dieser Erkenntnis *bei den philosophisch besonders bedeutsamen allgemeinen Begriffen verschwindet*. Dies soll jetzt zunächst für das Verhältnis zwischen Sein und Erkenntnis und dann für das Verhältnis zwischen Erkenntnis und Sprache näher erläutert werden.

Für das Verhältnis von *Sein und Erkenntnis* betrachte man den Unterschied zwischen dem relativ konkreten Begriff Apfel und dem relativ abstrakten Begriff Relation. Es bedeutet offensichtlich einen wesentlichen Unterschied, ob man über Äpfel etwas herausfinden will oder über den Begriff des Apfels. Im ersten Fall wird man Äpfel empirisch untersuchen. Im zweiten Fall wird man in biologischen

Systematisierungen nachschlagen oder Menschen nach ihren Vorstellungen von Äpfeln befragen. Bei einem abstrakten Begriff wie Relation *verringert sich dagegen die Differenz zwischen Erkenntnisgegenstand und Erkenntnisinstrument.* Es liegt in erkenntnistheoretischer, das heißt inhaltlicher Hinsicht kaum mehr ein Unterschied darin, ob man Relationen als solche untersucht oder den Begriff der Relation.

Für das Verhältnis von *Erkenntnis und Sprache* gilt hinsichtlich der allgemeinen Begriffe etwas Vergleichbares. Das zeigt sich an der häufigen Verwechslung von Wort und Begriff in der Alltagssprache, aber auch in der Wissenschaftssprache und der Philosophie. Es liegt offensichtlich kein sehr gravierender Unterschied darin, ob man vom Wort »Relation« oder vom Begriff der Relation spricht, obwohl der Unterschied zwischen Erkenntnis und Sprache ganz deutlich und wichtig ist und bei konkreteren Begriffen wie dem Begriff des Apfels im Vergleich zum Wort »Apfel« klar hervortritt. Man kann also konstatieren, dass die Differenz zwischen Gegenstand, Begriff und Wort umso geringer wird, je abstrakter der Begriff in seinem Inhalt ist. Man denke etwa an Gegenstände bzw. Begriffe oder Worte wie Existenz, Sein, Identität, Relation, Differenz, Wahrheit, Wissen. Die Realität derartiger Abstrakta ist in hohem Maße eine gedankliche und sprachliche. Dabei ist das Wort »abstrakt« bzw. »allgemein« selbst ein Indiz für die Distanzverringerung bei derart abstrakten Aspekten der Welt, weil es sowohl die seinshaften Objekte der Welt als auch die Begriffe und die Worte charakterisieren kann.

5. Hat die Philosophie die Aufgabe, eine umfassende und auf allgemeine Strukturen sowie Gegenstände gerichtete Perspektive auf die Welt zu entfalten, die *Sein* bzw. *Gegebenheiten, Erkenntnis* und *Sprache* integriert, so werden *diejenigen Instrumente unserer Welterkenntnis*, welche für eine derartige Integration in besonderem Maße als Mittel geeignet sind, eine herausragende, wenn auch natürlich nicht ausschließliche Rolle bei der Analyse spielen: *die Begriffe.* Und zwar in doppelter Hinsicht: zum einen im Rahmen einer *Konkretisierung der umfassenden Perspektive* der Philosophie und der Frage nach den abstraktesten Gegenständen in ihrem Inhalt, also in der Frage nach den *abstraktesten Begriffen*, wie Existenz,

Möglichkeit, Identität usw.; zum anderen aber auch im Rahmen einer *Konkretisierung der Selbstreflexion der Philosophie auf ihr Ziel und ihre Methoden*, das heißt in der Frage, wie wir die Welt mittels Begriffen erkennen und strukturieren und wie Begriffe sich zu anderen Instrumenten der Erkenntnis, also zu Gedanken, Urteilen, Normen, Thesen, Theorien und ganzen wissenschaftlichen Disziplinen verhalten. Beide Teile treffen in der Frage, *was Begriffe eigentlich sind*, zusammen und zwar quasi in ihrem ontologischen Teil in der Frage, wie die Realität von Begriffen zu verstehen ist, und in ihrem selbstreflexiven, erkenntnistheoretischen Teil in der Frage, welche Rolle Begriffe im Rahmen der Erkenntnis der Welt spielen.

Ohne diese Fragen hier ausführlich erörtern zu können, soll nur ein Gesichtspunkt wiederholt werden: *Begriffe müssen unter anderem die Aufgabe erfüllen, unsere sinnliche Wahrnehmung der Welt zusammenzufassen und zu strukturieren.* Sie sind deshalb *Instrumente*, bei denen ihr Zweck für die Weltbestimmung im Vordergrund steht. Wie es bei menschlichen Produkten wie Stühlen im Rahmen ihrer Erkenntnis vor allem auf den Zweck des Sitzens ankommt und nicht auf die Frage, ob und wie viele Beine sie haben oder aus welchem Material sie hergestellt sind, so spielt auch bei Begriffen als Instrumenten der Welterkenntnis die Frage ihrer Faktizität in Raum und Zeit eine weit geringere Rolle als der mit ihnen verbundene *Zweck*, also ihr *instrumenteller Charakter*. Der klassische Streit über den Status der *Universalien*, das heißt des Allgemeinen, also die Frage, ob Universalien *vor der Realität* (ante rem, Platon), *in der Realität* (in rebus, Aristoteles), *in unserem Denken* (post rem, Ockham) oder gar nur *in unserer Sprache* (Hobbes) real sind, leidet an einer zeittypischen, vereinseitigenden Ontologisierung des Problems. Hat man sich den wesentlichen Zweck von Begriffen als Instrumenten der Erkenntnis vor Augen geführt, so erscheint es zumindest für die allgemeinsten Begriffe sinnvoll, eine starke Welt- und Sprachbestimmung ihrer Inhalte anzunehmen.

Zu betonen ist, dass die Auffassung, Begriffe seien als Mittel für unsere grundlegende und umfassende Welterkenntnis vorrangig, nicht bedeutet, dass Begriffe allein aus anderen Begriffen logisch oder quasilogisch gewonnen werden könnten. Es ist nicht ausgeschlossen, dass Begriffe durch Urteile und Theorien mitbestimmt werden. Es wird also nicht behauptet, dass sich alle philosophischen Probleme durch Begriffsanalyse erörtern oder sogar lösen ließen. Es gibt sicher Fragen der Philosophie, etwa die nach der Realität der Außenwelt, die nicht oder zumindest nicht ausschließlich oder entscheidend durch eine Analyse von Begriffen beantwortet werden können. Wie sich noch näher zeigen wird, nimmt die Relevanz der Begriffsanalyse auch ab, je mehr eine philosophische Frage nicht dem Bereich der Theoretischen Philosophie, sondern dem Bereich der Praktischen Philosophie zuzurechnen ist, denn im Bereich der Praktischen Philosophie gewinnen normative Fragen der Begründung an Wichtigkeit, die nicht oder jedenfalls nicht hauptsächlich begriffliche Fragen sind. Behauptet wird nur, dass die Begriffsanalyse eine zentrale und notwendige Bedingung und damit ein wesentliches Mittel darstellt, um philosophische Fragen adäquat zu behandeln. Bei der Frage nach der Realität der Außenwelt ist etwa zunächst die Untersuchung erforderlich, wie die Begriffe Realität und Außenwelt aufgefasst werden bzw. aufzufassen sind, bevor weitere Fragen sinnvoll erörtert werden können.

6. Gelegentlich wird die Ansicht vertreten, nicht all unsere Erkenntnis sei begrifflich, etwa ästhetische Erkenntnis nicht. Ob das zutrifft, ist eine spezielle erkenntnistheoretische Frage, die hier nicht erörtert werden soll. Für die Philosophie erscheint eine Erörterung dieser Frage nicht erforderlich, denn die Philosophie bezieht sich ja nicht direkt auf alle Gegenstände und alle Formen des Wissens, sondern nur auf die allgemeinsten. Hinsichtlich dieser allgemeinsten Gegenstände und Formen des Wissens erscheint aber eine nicht-begriffliche Erkenntnis, also eine Erkenntnis, die nicht zumindest auch Begriffe voraussetzt, unmöglich. Dies gilt zumindest für die Philosophie, sofern sie gemäß den Überlegungen in Kapitel IV. im Gegensatz zur Religion, Spiritualität oder Esoterik auf immanente Methoden beschränkt bleibt.

7. Der erkenntnistheoretische Vorrang der Begriffe schließt nicht aus, dass für spezifische Ziele andere Elemente unserer Erkenntnis besonders bedeutsam sind. So sind etwa in der formalen Logik formale Schlüsse mit Bezug auf die Wahrheit und Falschheit von Urteilen entscheidend. Da nur Urteile wahr oder falsch sein kön-

nen, nicht aber Begriffe, sind Urteile und ihre wahrheitsfunktionalen Verknüpfungen zentral. Dies gilt ohne weiteres für die Aussagenlogik. In der Prädikatenlogik tauchen zwar Prädikate auf, die sich – so muss man annehmen – auch auf Begriffe beziehen. Für die Gültigkeit ihrer Schlüsse ist die konkrete Bestimmung dieser Begriffe aber nicht bedeutsam. Sie können durch Prädikatsymbole ersetzt werden. Entscheidend sind die Relationen zwischen den Quantoren der Allheit und Existenz bzw. Partikularität.

In den konkreteren und angewandteren Teilen der empirischen Wissenschaften spielen dagegen empirische Urteile eine zentrale Rolle. So sucht man etwa in der angewandten Chemie nach Urteilen über bestimmte Stoffe und deren Eigenschaften, etwa deren Leitfähigkeit, Wasserlöslichkeit, Brennbarkeit, Verflüssigbarkeit, Gasförmigkeit usw. In den abstrakteren Teilen der Physik sind schließlich Theorien besonders wichtig. Die dort verwendeten Begriffe bzw. theoretischen Größen, wie Quarks oder Strings, sind gar nicht oder allenfalls nur noch sehr vermittelt durch sinnliche Empfindungen geprägt. Entscheidend für ihr Verständnis sind Erklärungen mittels mathematischer Modelle.

Warum soll die Situation in der Philosophie anders sein? Warum spielt in der Philosophie die Klärung von Begriffen eine größere Rolle als das Fällen von Urteilen oder die Formulierung von Theorien? Der Grund liegt in den vier Merkmalen der philosophischen Suche nach Einsicht: der Allgemeinheit des Gegenstands, der Umfassendheit des Ziels, der Offenheit der Mittel und Methoden und der Notwendigkeit der Selbstbetrachtung.

Je abstrakter ein Urteil wird, desto weniger ist es von den Sinnesempfindungen bzw. konkreten Tatsachen bestimmt und desto stärker wird die Abhängigkeit seiner Begriffe von anderen Begriffen. Man vergleiche zum Beispiel das biologische Urteil »Die Photosynthese findet im Chlorophyll der Pflanzen statt« mit der philosophischen Behauptung »Ununterscheidbares ist identisch«. Im ersten Fall sind die Begriffe Chlorophyll und Photosynthese relativ nah an unseren Sinneswahrnehmungen. Im zweiten Fall gilt das für die Begriffe Ununterscheidbares und Identisches nicht. Sie sind ganz abstrakt. Im Übrigen stellt sich hier weiterhin die auch philosophische Frage, wie das Wort »ist« zu verstehen ist.

Theorien setzen Grundbegriffe und Axiome voraus, die ihrerseits der philosophischen Untersuchung bedürfen, so etwa mathematische Theorien die Begriffe Identität, Gleichheit, Menge und Zahl. Die abstraktesten Begriffe der Philosophie sind nun nicht durch weitere Theorien erklärbar. Theorien bilden überdies häufig einen relativ geschlossenen Zusammenhang von Urteilen zur Lösung spezifischer Probleme. Sie sind deshalb gut zur Erklärung singulärer, klar abgrenzbarer Fragen der Einzelwissenschaften geeignet, dagegen weniger gut zur Erhellung der nicht so leicht parzellierbaren, umfassenden Erkenntnisperspektive der Philosophie.

Je allgemeiner die untersuchten Gegenstände und damit die auf sie bezogenen Begriffe sind, desto größer wird die Notwendigkeit ihrer Bestimmung durch andere Begriffe. Das bedeutet aber, dass die Begriffsklärung in der Philosophie in den Vordergrund tritt. Es lässt verständlich werden, warum so viele philosophische oder zumindest teilweise philosophische Bücher bereits in ihren Titeln die Analyse von Begriffen als ihr Ziel nennen, mag die Durchführung dann auch sehr unterschiedlich ausfallen, etwa: *Metaphysik. Begriff und Probleme* (Adorno), *Substanzbegriff und Funktionsbegriff* (Cassirer), *Logica come scienza del concetto puro* (Croce), *The Concept of Law* (Hart), *Fundamental Legal Conceptions* (Hohfeld), *Der Begriff Angst* (Kierkegaard), *Conceptions of Truth* (Künne), *The Concept of Mind* (Ryle), *Der Begriff des Politischen* (C. Schmitt). In den Einzelwissenschaften sind derartige explizite Bezugnahmen auf begriffliche Untersuchungen im Titel dagegen sehr viel seltener. Und selbst in philosophischen Abhandlungen, in denen eine entsprechende Nennung im Titel nicht auftaucht, steht sehr häufig eine Erörterung von Begriffen oder begrifflichen Zusammenhängen im Vordergrund, etwa bei Titeln wie *Well-Being* (Griffin) oder *The Meaning of ›Meaning‹* (Putnam). Kant hat die Philosophie ganz zutreffend als »System der Vernunfterkenntnis durch Begriffe« gekennzeichnet und den Philosophen als »Forscher der Begriffe« dargestellt.

8. Man könnte einwenden, *die Untersuchung der Begriffe durch die Philosophie* sei doch ein sehr abstraktes Unternehmen, das mit den konkreten Problemen unseres Lebens gar nichts zu tun habe. Daran ist so viel richtig, dass die Philosophie auch die allgemeinsten Begriffe unserer Welterkenntnis analysiert. Allerdings erfordert es

gerade die Klärung dieser allgemeinsten Begriffe, auf konkretere Begriffe Bezug zu nehmen. Es ist quasi erforderlich, nicht auf der Spitze der Begriffspyramide hocken zu bleiben, sondern immer wieder hinunterzusteigen, um sich die Pyramide auch von weiter unten anzusehen. Wer etwa den Begriff des Dings klären will, darf sich nicht nur mit Begriffen wie jenen des Körpers oder der Eigenschaft beschäftigen, sondern muss auch ganz konkrete Dinge bzw. Körper und deren Begriffe in den Blick nehmen, etwa Äpfel oder Schrauben – wobei dieser Blick wie erwähnt kein grundsätzlich anderer als der der Alltagserkenntnis und der Einzelwissenschaften sein kann. Weil die relativ konkreten Begriffe unsere sinnlichen Eindrücke unmittelbar zusammenfassen, sind sie so nah an der sinnlichen und faktischen Realität unserer Welt wie nichts sonst im Denken.

Viele Philosophen haben im Übrigen das Bedürfnis wahrgenommen, die allgemeinen Begriffe der Philosophie mit Hilfe konkreterer Begriffe zu verstehen. Sie haben nach einer Lösung dieses Grundproblems der Philosophie gefahndet. So hat etwa Hegel versucht, der Abstraktheit der Begriffe durch ein Fortschreiten zu entfalteten und damit verwirklichten Ideen abzuhelfen – wobei nicht nur die Annahme eines Entwicklungsgangs, sondern auch die klassifikatorische Bestimmung des Unterschieds von Begriff und Idee spezifische sachlich-philosophische Annahmen Hegels darstellen. Und die Phänomenologie hat sich bemüht, auch konkrete Bewußtseinsinhalte zu analysieren, etwa die Wahrnehmung einzelner Gegenstände oder relativ konkrete Gefühle, wie Neid, Ekel oder Scham.

Man könnte des weiteren einwenden, dass mit der Konzentration auf das Mittel der Begriffe das oben aufgestellte *Ziel der Philosophie*, Sein bzw. Gegebenheiten, Erkenntnis und Sprache – oder disziplinär formuliert: Ontologie, Erkenntnistheorie und Sprachphilosophie – zu einem umfassenden Rahmen zu verbinden, *gar nicht erreicht werde*, denn die Begriffe seien ja Teil unserer Erkenntnis. Man ende also nolens volens doch wieder bei einem Vorrang der Erkenntnistheorie. Daran ist so viel richtig, dass die Begriffe Teile und Werkzeuge unserer Erkenntnis sind. Aber die Philosophie ist ja selbst Teil und Werkzeug unserer Erkenntnis. Es ist deshalb unvermeidbar, dass auch ihre Teile und Werkzeuge ihrerseits wieder

Elemente der Erkenntnis sind. Begriffe haben nun aber, wie bereits erwähnt, die Eigenschaft, wie kein anderer Teil unserer Erkenntnis offen und aufnahmefähig für die Unterscheidungen der Welt und die Mitteilungsziele der Sprache zu sein. Begriffe sind wie leere Gefäße, die ihren Inhalt aus den Gegenständen beziehen können und ihn dann mit Hilfe der Sprache an andere Menschen weiterzugeben erlauben, wobei Rückkopplungseffekte durch die sprachliche Formulierung stattfinden können. Die begriffliche Erfassung der Welt kann man sich wie das Handeln von Menschen vorstellen, die nach einer Zeit der Trockenheit bei einsetzendem Regen mit ihren Eimern und Bechern ins Freie laufen, um das Regenwasser aufzufangen und dann an andere weiterzureichen. Die Begriffe vermitteln also Sein bzw. Gegebenheiten, Erkenntnis und Sprache in einzigartiger Weise. Deshalb sind sie das bevorzugte Mittel der Philosophie, um umfassende Einsicht in alle Strukturen der Welt zu gewinnen.

9. Wie kann die philosophische *Begriffsanalyse* nun genauer vonstatten gehen? Für den Zusammenhang der Begriffe sind zwei graduelle Eigenschaften wesentlich, der *Begriffsumfang*, das heißt die *relative Allgemeinheit bzw. Abstraktheit und Konkretheit des Begriffsinhalts*, und die *Modalität*, das heißt die *relative Notwendigkeit und Zufälligkeit des Begriffsinhalts*. Es gibt erstens *allgemeinere* Begriffe, wie Ding, Relation oder Identität, und *konkretere* Begriffe, wie Äpfel, Birnen oder Bananen. Es gibt zweitens Teile unseres Begriffssystems, die *notwendiger* sind, und andere, die weniger *notwendig* sind, je nachdem, welche Stellung und Funktion der jeweilige Begriff im Begriffssystem einnimmt.

Für die *Notwendigkeit* können zwei Gründe verantwortlich sein: (1) die *Funktion der Zusammenfassung unserer Begriffe zu einem Begriffssystem*, die vor allem bei sehr abstrakten Begriffen zur entscheidenden Aufgabe wird, etwa bei Begriffen wie Ding, Eigenschaft, Relation oder Identität. Diese Begriffe können nicht beliebig sein, weil sie dann nicht mehr zur Zusammenfassung konkreterer Begriffe tauglich wären; (2) der *relativ direkte Bezug auf empirisch vorfindliche Tatsachen der Welt, mit ihren von uns angenommenen und unserer Erkenntnis zugrunde liegenden natürlichen Eigenschaften bzw. Unterscheidungen* (natural kinds), etwa die relativ konkrete und natürliche Einteilung in Äpfel, Birnen oder Bananen. Wir könnten Äpfel, Birnen und Bananen zwar prinzipiell auch in einem Begriff zusammenfassen. Das würde aber angesichts der Unterschiede des äußeren Erscheinungsbilds der Früchte und der sie tragenden Bäume eine viel weniger differenzierte und weniger gut begründete Erkenntnis der Welt liefern als die uns vertraute Einteilung.

Jenseits dieser beiden Pole der Notwendigkeit ist die Begriffsbildung dagegen sehr viel beliebiger und veränderbarer. Das gilt zum einen für eine mittlere Ebene der etwas abstrakteren Zusammenfassung stark empirisch bestimmter Begriffe, also etwa die bekanntermaßen relativ arbiträre Zuordnung einzelner Früchte bzw. Pflanzen zu den Kategorien Obst und Gemüse. Es gilt zum anderen für sehr konkrete Begriffe, wie etwa die weitere Einteilung von Äpfeln in Boskop, Elstar, Golden Delicious usw.

Insgesamt lassen sich dann *vier Ebenen der Verbindung von Allgemeinheit und Notwendigkeit der Begriffe unseres Begriffssystems* unterscheiden: (1) eine *sehr abstrakte Ebene mit relativ notwendigen Begriffen* wie Ding, Eigenschaft, Relation und Identität, (2) eine *mittlere Ebene mit relativ variablen, zusammenfassenden Begriffen* wie Obst und Gemüse, (3) eine *konkrete Ebene mit wiederum relativ notwendigen, empirisch bestimmten Begriffen* wie Äpfel, Birnen und Bananen, (4) schließlich eine *noch konkretere Ebene mit abermals relativ variablen Begriffen* weiterer sehr spezieller Eigenschaften, etwa den Begriffen der einzelnen Apfelsorten.

Die beiden Fragen nach dem *Umfang*, also der Stellung in der Hierarchie von Allgemeinheit und Konkretheit, und der *Notwendigkeit* bestimmen dann auch die Möglichkeit der näheren inhaltlichen Bestimmung der Begriffe. Dabei gibt es grundsätzlich zwei Alternativen: Man kann den Begriff mittels *Verallgemeinerung bzw. Abstraktion*, also mit Bezug auf abstraktere Begriffe, oder mittels *Individualisierung bzw. Konkretion*, also mit Bezug auf konkretere Begriffe bestimmen. Oder natürlich mittels beidem.

10. Die erste Möglichkeit der Bestimmung mit Bezug auf abstraktere Begriffe fand ihren klassischen Ausdruck in der Grenzziehung durch die *definitio per genus proximum et differentiam specificam*, also durch *Definition* über die nächsthöhere Gattung und die spe-

zifische Differenz. Diese Methode ist aus verschiedenen Gründen in Misskredit geraten. Zum einen hat schon Leibniz eingewandt, dass es beliebig ist, was wir als nächsthöhere Gattung ansehen. Zum anderen hat man gezweifelt, ob sich immer eine spezifische Differenz angeben lässt. Diese Kritik erscheint zum Teil berechtigt, sollte aber nicht dazu führen, den Versuch einer rationalen Begriffsbestimmung durch Verallgemeinerung ganz aufzugeben. Dies ist – lässt man eine im nächsten Abschnitt noch zu erörternde radikale Auffassung der Wittgensteinschen Familienähnlichkeitsthese außer Betracht – auch nicht generell geschehen. Man spricht heute metaphysisch und ontologisch weniger voraussetzungsreich von *notwendigen Bedingungen* eines Begriffs bzw. entsprechend von *notwendigen Eigenschaften* der Gegenstände, auf die sich der Begriff bezieht. Dabei ist es nicht erforderlich, eine absolute Notwendigkeit der Bedingungen anzunehmen. Es genügt, von einer relativen Notwendigkeit im Vergleich zu zufälligen Begriffen bzw. Eigenschaften auszugehen. Für den bzw. einen Menschen ist es zum Beispiel *notwendig*, ein Lebewesen zu sein. Dagegen ist es für den bzw. einen Menschen *zufällig*, wenn auch ohne Zweifel außerordentlich bereichernd, Klavier spielen zu können.

Gesteht man zu, dass es derartige relativ notwendige Bedingungen gibt, so ist kein Grund ersichtlich, warum sich nicht *mehrere* notwendige Bedingungen für einen Begriff finden lassen sollen. Menschen sind zum Beispiel notwendig Lebewesen. Sie sind aber auch notwendig vernünftig, das heißt vernunftfähig, und sterblich. Und sie haben notwendig die Fähigkeit zu lachen. Kann es aber für einen Begriff grundsätzlich mehrere mögliche notwendige Bedingungen bzw. Eigenschaften geben, dann können diese notwendigen Bedingungen zusammen *notwendig und hinreichend* sein, um den Begriff von anderen Begriffen abzugrenzen. Es lässt sich weder allgemein, noch im Einzelfall beweisen, dass mehrere notwendige Bedingungen zusammen notwendig und hinreichend für die Abgrenzung gegenüber anderen Begriffen sind. Aber aus folgendem Grund spricht vieles dafür, dies regelmäßig anzunehmen: Begriffe sind Instrumente, die wir zum Zweck der Welterkenntnis bilden. Sie können diesen Zweck nur erfüllen, sofern sie sich von anderen Begriffen abgrenzen lassen. So wie wir aber davon ausgehen, dass es uns häufig gelingt, Hämmer herzustellen, die zum Hämmern taugen, so können wir auch bei Begriffen davon ausgehen, dass es uns häufig gelingt, Begriffe zu bilden, die sich zum spezifischen Zweck der Welterkenntnis eignen. Wäre dies nicht der Fall, so würden wir nach anderen Instrumenten suchen.

11. Die zweite Möglichkeit der *Bestimmung (determinatio) eines Begriffs* mit Bezug auf konkretere Begriffe liegt in der *Aufzählung seiner Unterbegriffe.* Man kann den Begriff der Philosophie etwa über seine Unterbegriffe Praktische Philosophie und Theoretische Philosophie bestimmen. Die Einteilung in Unterbegriffe ist dabei *keine notwendige,* sondern nur eine *zufällige,* das heißt eine mehr oder minder gut begründete.

Des Weiteren gibt es für reale Phänomene in Raum und/oder Zeit auch noch die Möglichkeit der Bestimmung *über ihre Teile* (*determinatio ex partibus*). Für die Philosophie wäre das etwa eine Bestimmung über ihre raum-zeitliche Realisation in einzelnen Gesellschaften, also der deutschen, der französischen, der italienischen Philosophie usw. Auch diese Einteilung ist keine notwendige.

Die Philosophie sucht nach den in allen Strukturen vorkommenden und deshalb *notwendigen* Begriffsbestimmungen und wird sich deshalb *vor allem auf die erste Möglichkeit der Definition über mehrere notwendige und zusammen vielleicht notwendige und hinreichende Bedingungen konzentrieren.*

Schließlich muss man zwischen *deskriptiven* und *normativen* Begriffen unterscheiden. Letztere weisen neben der deskriptiven auch noch eine normative, also wertende und/oder vorschreibende Funktion auf. Man spricht dann von einem »janusköpfigen« Begriff. Der Begriff Haus ist etwa *rein deskriptiv,* während der Begriff Bruchbude zusätzlich *negativ bewertend* und der Begriff Residenz zusätzlich *positiv bewertend,* beide also auch normativ und damit janusköpfig sind. In einer Zeit des universellen Marketings preisen Immobilienverkäufer deshalb nicht mehr bloße »Häuser«, sondern »Wohnresidenzen« an. Normative Begriffe sind regelmäßig stärkeren Veränderungen und Interpretationen ausgesetzt, weil die allgemein akzeptierte normative Wertung oder Verpflichtung häufig eine Verschiebung der deskriptiven Basis erlaubt.

Bestimmte Indizien sprechen für eine *besondere Notwendigkeit bzw. Objektivität* von Begriffen:

(1) Ein erstes wesentliches Indiz für eine besondere Notwendigkeit bzw. Objektivität oder, anders ausgedrückt, eine Wichtigkeit, Originalität und Prägekraft von Begriffen *ist die Übernahme und Weiterführung des sie bezeichnenden Ausdrucks in anderen Sprachen und Kulturen.* So verdanken wir den antiken Griechen etwa die wichtigen Begriffe Energie, Kosmos, Politik, Demokratie, Ökonomie, Ethik und nicht zuletzt: Philosophie, den Römern Administration, Moral, Religion, Militär und Jurisprudenz, den Franzosen Charme, Etikette und Gourmet, den Engländern Gentleman, Kricket und Polo, den US-Amerikanern Computer, Server und E-Mail.

(2) Ein zweites Indiz für die relative Notwendigkeit eines Begriffs liegt darin, *dass er als Oberbegriff allein steht und ohne prägnanten Gegenbegriff ein Gebiet strukturiert* wie die Begriffe der Philosophie, der Politik oder der Ethik. Fungiert er dagegen vor allem als Gegenbegriff in einem konträren oder sogar kontradiktorischen Begriffspaar, so ist er relativ kontingent. Der Begriff des Gemeinwohls wäre etwa ein solcher Gegenbegriff. Er steht seit der griechischen Antike im Gegensatz zum Begriff des individuellen Nutzens. Der Charakter als Gegenbegriff zeigt sich besonders prägnant und inhuman in der NS-Parole »Gemeinnutz geht vor Eigennutz!«.

(3) Ein drittes Indiz für die relative Notwendigkeit und damit die historische Bedeutsamkeit eines Begriffs ist die *Einfachheit* oder *Zusammengesetztheit* seines Ausdrucks. Einfache Ausdrücke wie etwa »Politik« oder »Gerechtigkeit« verweisen regelmäßig auf einen zentraleren Begriff als zusammengesetzte.

(4) Dies führt zu einem vierten Indiz: Findet sich in einer Sprache nicht einmal ein einziger dominanter Ausdruck für einen Begriff, so kann dies zeigen, dass dem Begriff selbst keine überragende Bedeutung zukommt. Besteht allerdings ein dominanter Ausdruck und kommen viele weitere Ausdrücke mit unterschiedlichen Bedeutungsnuancen hinzu, so zeigt dies die relative Notwendigkeit des Begriffs. Ein Beispiel sind der Begriff bzw. Ausdruck Geld mit vielen weiteren Ausdrücken, wie »Barschaft«, »Kohle«, »Mäuse«, »Schotter«, »Pinke-Pinke« usw.

12. Aber lassen sich überhaupt *notwendige Bedingungen* von Begriffen finden? Oder ist nicht jede Begriffsbestimmung zufällig? Wäre Letzteres der Fall, so wären alle in dieser Untersuchung unternommenen Anstrengungen, den Begriff und damit das Phänomen der Philosophie zu klären, vergeblich. Man könnte dann allenfalls zufällige und ohne Weiteres änderbare Eigenschaften des mit dem Ausdruck »Philosophie« bezeichneten Phänomens beschreiben.

Wittgenstein hat die Suche der Philosophie nach dem Wesen oder dem Allgemeinen von Begriffen bzw. Begriffsworten (beides differenziert er nicht) oder präziser den *Inhalten* dieser Begriffe bzw. Begriffsworte kritisiert. Er unterscheidet allerdings nicht klar zwischen *drei, in ihrer Stärke ganz unterschiedlichen Lesarten des Allgemeinbezugs von Begriffen bzw. Begriffsworten:* (1) der stärksten ontologisch-metaphysischen Annahme eines »*Wesensbezugs*« der Begriffe oder Begriffsworte, (2) der schwächeren Behauptung, Begriffe oder Begriffsworte ließen sich durch die Angabe *notwendiger und hinreichender Merkmale* charakterisieren, etwa im Wege der erwähnten klassischen Definition über die nächsthöhere Gattung und den spezifischen Unterschied, (3) der schwächsten Lesart, für einen Begriff oder ein Begriffswort könnten regelmäßig wenigstens *notwendige Merkmale* angegeben werden.

Wittgenstein scheint alle drei Annahmen zurückzuweisen. Es sei nur möglich, »Familienähnlichkeiten« festzustellen, also Merkmale anzugeben, die zwar zur allgemeinen Charakterisierung des fraglichen Begriffs bzw. allgemeinen Ausdrucks beitragen, die aber nicht bei allen bezeichneten Gegenständen als Eigenschaften vorausgesetzt werden können, auf die sich der Begriff bzw. Ausdruck bezieht. Um durchzuschlagen, müsste diese Kritik für alle drei Lesarten erfolgreich sein, weil sonst wenigstens eine der drei Möglichkeiten der Allgemeingültigkeit von Begriffen übrigbliebe. Jedenfalls im Hinblick auf die dritte und damit schwächste Lesart dieser Kritik ist nun allerdings keines der von Wittgenstein erwähnten Beispiele überzeugend: Das gilt schon für den Begriff der Familie als Teil des Ausdrucks »Familienähnlichkeit« (wobei es Wittgenstein bei der Verwendung des Kompositums nur um die Ähnlichkeit geht). Der Begriff der Familie wird gerade nicht durch die angeführten äußeren Merkmale des Wuchses, der Gesichtszüge, der Augenfarbe, des Gangs, des Temperaments usw.

bestimmt, von denen nach unserem allgemeinen Begriffsverständnis tatsächlich keines auf alle Mitglieder der Familie zuzutreffen braucht. Nach unserer Auffassung sind die Mitglieder einer Familie vielmehr durch die *notwendige* Eigenschaft genetischer, rechtlicher oder sozialer Verwandtschaft verbunden. Es ist lediglich zufällig und regelmäßig irrelevant, ob sie sich darüber hinaus in ihren äußeren Eigenschaften ähneln. So wie Wittgenstein den Ausdruck »Familienähnlichkeit« prägt, kann er also keinen Bezug auf den im Alltag gebrauchten Begriff der Familie in Anspruch nehmen. Es handelt sich um einen neuen, philosophisch-fachsprachlichen Ausdruck bzw. Begriff. Seine Einführung impliziert aber – nebenbei bemerkt – eine philosophische Behauptung, die sich im Gegensatz zur proklamierten These hinsichtlich der Aufgabe der Philosophie als Sprachanalyse weder auf einen Terminus der Alltagssprache noch auf eine etablierte Lebensform stützen kann.

Das bekannteste Beispiel, das Wittgenstein für seine These anführt, lautet: »Betrachte z. B. einmal die Vorgänge, die wir ›Spiele‹ nennen. Ich meine Brettspiele, Kartenspiele, Ballspiele, Kampfspiele usw. Was ist ihnen allen gemeinsam? – Sag nicht: ›Es *muss* ihnen etwas gemeinsam sein, sonst hießen sie nicht ›Spiele‹ ‹ – sondern *schau*, ob ihnen allen etwas gemeinsam ist. – Denn wenn du sie anschaust, wirst du zwar nicht etwas sehen, was allen gemeinsam wäre, aber du wirst Ähnlichkeiten, Verwandtschaften, sehen, und zwar eine ganze Reihe. ...« Dieses Beispiel widerlegt sich – sofern man es auf die dritte Lesart der Zurückweisung notwendiger Bedingungen bezieht – selbst, bevor überhaupt die These formuliert wird, denn Wittgenstein nennt bereits im fünften Wort einen *übergreifenden Gattungsbegriff* und damit eine *notwendige Bedingung* für Spiele: Alle Spiele sind »*Vorgänge*«, nicht etwa Dinge oder Eigenschaften. Der Begriff des Vorgangs ist zwar relativ abstrakt, liefert aber eine wesentliche Begrenzung des Begriffs Spiel. Vorgänge sind etwa immer Tatsachen, sie sind intern vielgestaltig, sie haben eine zeitliche Dimension, das heißt sie laufen in der Zeit ab, usw. Damit sind gleichzeitig auch weitere relativ notwendige Merkmale unseres Begriffs des Spiels aufgelistet: Auch Spiele sind Tatsachen, sind intern vielgestaltig, laufen in der Zeit ab usw.

Im übrigen taugt der Begriff des Spiels kaum als Paradigma für die Familienähnlichkeitsthese, denn Spiele weisen gegenüber anderen menschlichen Tätigkeiten jenseits bloßer Körperbewegungen wie dem Spazierengehen eine seltene Besonderheit auf: Spiele sind – lässt man einmal metaphorische Bezugnahmen auf natürliche Vorgänge, wie das »Spiel der Wolken« außer Betracht – *von Menschen und höheren Tieren gestaltete* Vorgänge, die *keinem notwendigen, über ihre rein tatsächliche Ausführung hinausreichenden externen Ziel dienen.* Eben in diesem Fehlen eines notwendigen externen Ziels besteht ihre weitere notwendige Eigenschaft im Gegensatz zu fast allen anderen von Menschen und höheren Tieren erzeugten oder beeinflussten Vorgängen (nur die *Kunst* fällt als weiteres Beispiel ein). Während also etwa Schulen notwendig dem Lernen und medizinische Untersuchungen der Diagnose und Therapie dienen, sind Spiele gerade notwendig durch das Fehlen derartiger weiterer externer Ziele charakterisiert. Kinder spielen, weil sie noch nicht in der Lage oder zumindest nicht willens sind, weitere externe, notwendige Ziele zu verfolgen. Damit ist nicht behauptet, dass nicht manch einer mit Spielen weitere externe Ziele *verfolgen kann*, so wie man mit allen Dingen der Welt gebräuchlichere und weniger gebräuchliche externe Ziele verfolgen kann. Aus dem Fußballspielen kann man etwa ein Geschäft machen, Eintrittskarten verkaufen, Sponsoren werben, Gewinne einstreichen usw. Aber das Geschäft ist *kein begrifflich notwendiges Ziel* des Fußballspielens.

Kann bereits das von Wittgenstein selbst angeführte Beispiel so wenig überzeugen, dann bleibt nichts Erkennbares zur Stützung der dritten Lesart seiner Kritik übrig, dass Begriffe bzw. allgemeine Ausdrücke nicht regelmäßig wenigstens notwendige Bedingungen voraussetzen. Man wird sich fragen müssen, warum wir eigentlich Begriffe bilden und verwenden, wenn sie nicht zur Abgrenzung gegenüber anderen Begriffen tauglich sein sollen. Das wäre, wie wenn wir Sägen bauten, die nicht sägten. Als Fehler kann das natürlich im Einzelfall zufällig passieren. Aber ein derartiger Zufall rechtfertigt es nicht, den unbeabsichtigten und singulären Funktionsausfall des Sägens zu einem Teil unserer allgemeinen Überzeugung über die Eigenschaften von Sägen zu erheben.

Vergleichbares gilt für Begriffe. Begriffe werden als menschliche Instrumente in einem weiten Sinn verwandt. Dann kann man, da es sich bei ihnen nicht um spezifisch extern zielfreie Gestaltungen wie Spiele oder Kunstwerke handelt, davon ausgehen, dass sie mit einem externen Ziel eingesetzt werden. Das *Ziel des Einsatzes von Begriffen ist die Erkenntnis und Gestaltung der Welt.* Es ist nur erreichbar, wenn wir Begriffe in Abgrenzung von anderen Begriffen zur Welterklärung verwenden können. Das setzt voraus, dass sie wenigstens durch notwendige Bedingungen von diesen anderen Begriffen unterscheidbar sind – wobei »notwendig« immer nur *relativ notwendig* im Verhältnis zu unserem Begriffssystem bedeutet.

Man könnte einwenden, die Möglichkeit und Wirklichkeit notwendiger Bedingungen von Begriffen sei zuzugestehen, doch sei damit eine Abgrenzung einzelner Begriffe von anderen Begriffen und das Auffinden eines Allgemeinen von Begriffen noch nicht gewährleistet. Das aber ist alles andere als klar. Gesteht man die Möglichkeit und Wirklichkeit notwendiger Bedingungen von Begriffen zu, dann ist nicht ersichtlich, warum es für einen Begriff nur eine und nicht mehrere derartiger notwendiger Bedingungen geben sollte. Hat man aber mehrere notwendige Bedingungen, so ist die Möglichkeit eröffnet, dass diese zusammen notwendig und hinreichend sein können, den Begriff also eindeutig von allen anderen Begriffen abgrenzen. *Die Verbindung mehrerer notwendiger Merkmale in einem Begriff kann somit – obwohl das nicht generell für alle Begriffe nachweisbar ist – zu einer notwendigen und hinreichenden Abgrenzung einzelner Begriffe und damit einer Begriffsbestimmung vergleichbar der klassischen Definitionslehre über die übergeordnete Gattung und die spezifische Differenz führen. Damit ist aber eine philosophische Suche nach Einsicht als Suche nach dem Allgemeinen von Begriffen prinzipiell möglich.*

Es kann nur einen Begriff geben, für den der Aufweis notwendiger Merkmale von vornherein nicht möglich ist: den allgemeinsten Begriff unseres Begriffssystems. Für ihn lassen sich keine allgemeineren Begriffe als notwendige Bedingung formulieren. Aber dieser Begriff wird dann durch seine spezifische Stellung und Funktion von anderen Begriffen hinreichend abgegrenzt.

Auch wenn jedenfalls ihre dritte, schwächste Lesart, dass es regelmäßig nicht einmal *notwendige* Bedingungen für Begriffe gibt, nicht überzeugen kann, schließt dies einen Wert der Familienähnlichkeitsthese nicht aus. Sie vermag zu erklären, warum es manchmal schwer fällt, der zweiten, stärkeren Forderung nach der

Angabe von notwendigen und hinreichenden Bedingungen von Begriffen nachzukommen. Die verschiedenen notwendigen Bedingungen eines Begriffs lassen sich nicht selten wechselseitig zumindest teilweise in der Stärke ihrer Verwirklichung ersetzen. Man erinnere sich an die obige Bestimmung des Philosophiebegriffs: Die vier für ihn eigentümlichen Merkmale der Allgemeinheit der Gegenstände, der Umfassendheit des Erkenntnisziels, der Offenheit der Methoden und der Selbstbetrachtung sind keine strikt einteilenden, sondern nur abstufbare Eigenschaften. Sie lassen sich in ihrem Verwirklichungsgrad wechselseitig substituieren. Aber auf keine dieser Bedingungen kann man gänzlich verzichten. Jede ist also zumindest in einem minimalen Maße notwendig.

Ist somit zumindest die dritte, schwächste Lesart von Wittgensteins Kritik nicht haltbar, muss man also davon ausgehen, dass zumindest häufig notwendige Bedingungen für Begriffe angegeben werden können, fällt der von ihm angenommene Grund fort, an der prinzipiellen Möglichkeit einer über die Sprachanalyse hinausgehenden Begriffsanalyse zu zweifeln. Die Philosophie kann ihre abstrakten Begriffe wenigstens durch relativ notwendige und zusammen genommen vermutlich nicht selten sogar notwendige und hinreichende Merkmale bestimmen oder sich zumindest einem Ideal dieser Bestimmung annähern. Sicherlich finden sich auch problematische Begriffsverwendungen in der Philosophie. Aber das sind dann zufällige und nicht prinzipiell notwendige Missbräuche. Und die gesamte Praxis der Philosophie ist zu vielgestaltig, um die These vom allgemeinen Sprachmissbrauch der Philosophie als empirische Behauptung aufrechtzuerhalten.

13. Welche Begriffe soll die Philosophie zur Erreichung ihres Ziels der umfassenden Einsicht heranziehen? Drei mögliche Typen von Begriffen lassen sich zur Erfüllung dieser Aufgabe unterscheiden: (1) die Begriffe unserer *Alltagserfahrung*, etwa Begriffe wie Baum oder Haus; (2) die Begriffe der *Einzelwissenschaften*, etwa Begriffe wie Gen oder Quark; (3) schließlich *eigene, von der Philosophie selbst er- oder gefundene Begriffe*, die weder aus der Alltagswelt noch aus den Einzelwissenschaften stammen, etwa Begriffe wie Unbegrenztes (*apeiron*), Sein (*on*), Entität, Universale, Apriori, Dasein, Wahrheitswert oder Familienähnlichkeit.

Weil die Aufgabe der Philosophie darin besteht, *alle Strukturen* bzw. die *allgemeine Struktur* unseres Einzelwissens zu finden, und weil dazu alle Erkenntnisse des Alltags und der Einzelwissenschaften aufgenommen werden müssen, ist es nicht zweifelhaft, dass die Philosophie *alle wesentlichen abstrakten Begriffe des Alltags und der Einzelwissenschaften in ihre Welterklärung integrieren muss,* also etwa Begriffe wie Zeit, Raum, Mensch, Erkenntnis, Sprache, Handlung, Körper, Zahl, Materie, Norm, Gleichheit, Gerechtigkeit und Begriff. Problematisch ist also nur die dritte Kategorie der *von der Philosophie selbst er- bzw. gefundenen Begriffe.* Somit stellt sich die Frage, inwieweit diese von der Philosophie selbst geprägten Begriffe bei der Findung der allgemeinen Struktur und bei der Analyse der ersten beiden, unproblematischen Typen von Begriffen, also den Begriffen der Alltagserkenntnis und den Begriffen der Einzelwissenschaften verwandt werden dürfen.

Zur Diskussion dieser Frage sollte man sich zunächst vergegenwärtigen, dass die Philosophie seit ihrem Bestehen Begriffe der Alltagserfahrung verändert und neue Begriffe vorgeschlagen hat. Der zentrale antike Begriff der *arche* wurde von den Vorsokratikern und Aristoteles in einem sehr viel weiter gehenden Sinn als der entsprechende Alltagsbegriff des *Anfangs* und der *Herrschaft* verstanden, nämlich auch als *Urgrund, Urstoff* oder *Urelement.* Und der Begriff *on* (Sein) ist, soweit wir wissen, eine Neuschöpfung der vorsokratischen Philosophen, vor allem des Parmenides. Philosophische Neuprägungen sind etwa auch Begriffe wie Substanz, Entität, Apriori, analytisch versus synthetisch, transzendental, Dasein, Wahrheitswert und Familienähnlichkeit. Allerdings sind es gerade solche philosophischen Neuprägungen, die immer wieder zu besonderen Zweifeln und intensiven Diskussion innerhalb und außerhalb der Philosophie Anlass gegeben haben. Und viel Mühe ist in der Philosophie darauf verwandt worden, die Zweifelhaftigkeit derartiger philosophischer Neuschöpfungen zu erweisen und sie wieder zu eliminieren.

Des Weiteren muss man sich vor Augen führen, dass die Alltagserfahrung und die Einzelwissenschaften beständig neue Begriffe für neue Dinge oder neu entdeckte Tatsachen oder Gesetzmäßigkeiten prägen. Begriffe wie Computer, Gen oder Quark sind Beispiele. Allerdings haben die Alltagserfahrung und die Einzelwissenschaften dafür auch einen triftigen Grund, der soeben bereits genannt wurde: Sie müssen sich auf neue Dinge oder neu entdeckte Tatsachen oder Gesetzmäßigkeiten beziehen. Genau dies muss die Philosophie aber nicht oder jedenfalls nicht in erheblichem Umfang, weil sie es wegen ihres spezifischen Gegenstands der allgemeinen Struktur der Welt und ihres spezifischen Ziels der umfassenden Einsicht nicht direkt mit einzelnen neuen Dingen oder einzelnen neuen Tatsachen oder Gesetzmäßigkeiten zu tun hat, sondern allenfalls vermittelt über die Alltagserfahrung und die Erkenntnisse der Einzelwissenschaften, sodass sie die von diesen neu geprägten Begriffe aufnehmen kann. Natürlich gab es etwa erst seit der Entwicklung des Films die Möglichkeit einer Philosophie des Films. Aber der Begriff des Films kam bereits als alltagsweltlich geprägter Begriff in die Philosophie. Der triftige Grund, den die Alltagserfahrung und die Einzelwissenschaften für neue Begriffe in der Notwendigkeit des Bezugs auf neue Dinge und neues Wissen über Tatsachen und Gesetzmäßigkeiten haben, steht der Philosophie also nicht zur Verfügung. Im Übrigen sind häufig wesentliche Begriffe der Einzelwissenschaften auch keine Neuprägungen: So hat die Mathematik etwa alltagsweltliche Begriffe wie Zahl, Kreis, Linie, Gleichheit oder Summe zur Grundlage. Und die Neuprägungen der Physik, Chemie und Biologie wie Quark, Molekül oder Gen fußen nicht zuletzt auf den gegenüber der Alltagserfahrung verbesserten Möglichkeiten der empirischen Wahrnehmung durch technische Hilfsmittel wie Mikroskope usw. Aber auch diesen Grund verbesserter empirischer Erkenntnismöglichkeiten einzelner Dinge und Tatsachen kann die Philosophie nicht für eine Neuprägung von Begriffen geltend machen, weil sie ja die dazu neu geschaffenen Begriffe der Alltagserfahrung und der Einzelwissenschaften aufnehmen kann.

Die Philosophie kann also nur dann zu neuen Begriffsschöpfungen berechtigt sein, wenn sie zu neuen Erkenntnissen kommt oder neue Annahmen aufstellt, die nicht in den Einzelwissenschaften enthalten sind.

Darüber hinaus gilt: Nur wenn die Philosophie infolge einer spezielleren und stärkeren Ontologie bzw. Metaphysik ihren privilegierten Zugang zu nichtempirischen Erkenntnissen bzw. Entitäten behauptet, wie es etwa Platon in seiner Dialektik und Ideenlehre tat, lassen sich begriffliche Neuschöpfungen der Philosophie rechtfertigen. Ohne diese stärkeren und zusätzlichen, aber auch angreifbaren philosophischen Annahmen erscheint jedoch kein weiterer Grund ersichtlich, warum die Philosophie neue, in ihrer Bedeutung häufig sehr vage und umstrittene Begriffe einführen dürfte, um andere Begriffe, die in ihrer Bedeutung zumindest durch die Alltagserfahrung oder die Einzelwissenschaften gestützt sind, zu erklären. Man kann also das Ideal einer Philosophie postulieren, die sich wesentlich auf Begriffe gründet, die uns aus dem Alltag oder den Einzelwissenschaften vertraut sind und nur eigene neue Erkenntnisse sowie Annahmen mit neuen Begriffen versieht.

Bei einem eigenen Erkenntnisbereich wie der Philosophie wird man im Übrigen nicht ausschließen können, dass es aus Gründen der Systematisierung sinnvoll sein kann, neue Begriffe zu prägen, sofern die zu diesem Zweck in der Alltagserfahrung und den Einzelwissenschaften vorhandenen Begriffe nicht ausreichen. Und es mag neue Perspektiven auf Probleme geben, die bisher so nicht erkannt wurden und für die es angebracht erscheint, neue Begriffe zu formen. Aber dies bedarf der besonderen Vorsicht und Rechtfertigung. Jedenfalls sollten diese neu erfundenen philosophischen Begriffe mangels alltagsweltlicher oder einzelwissenschaftlicher Stützung ihrer Bedeutung nur in Ausnahmefällen eine tragende Rolle in der philosophischen Rahmenbildung und Begriffsanalyse spielen. Und die Philosophie sollte nicht unverhältnismäßig viel Zeit und Mühe darauf verwenden, Begriffe zu klären, die weder für die Alltagserfahrung der Menschen noch für die Einzelwissenschaften bedeutsam sind.

Besonders zu warnen ist dabei vor der Fixierung oder gar alleinigen Stützung philosophischer Analysen und Diskussionen auf vage »-ismen«, wie Realismus, Anti-Realismus, Idealismus, Externalismus, Internalismus, Inferentialismus, Normativismus usw. Gelegentlich können solche Etikettierungen einzelner philosophischer Positionen zur Systematisierung und Abkürzung der Darstellung und des Verweises nützlich sein. Aber man sollte sich immer bewusst bleiben, dass sie keinen weitergehenden eigenen Erklärungswert besitzen.

VIII. Philosophische Kategorien

Im Folgenden soll nun eine Möglichkeit der philosophischen Analyse von Begriffen dargestellt werden, eine Möglichkeit, die allerdings wegen der Umfassendheit ihrer Perspektive für die Philosophie eine besonders wichtige ist. Dies ist die *Analyse der Beziehungen zu sehr abstrakten Begriffen.* Man kann sie »kategoriale Analyse« nennen, weil die abstraktesten Begriffe auch als »Kategorien« bezeichnet werden.

1. Was bedeutet es, dass für die Philosophie Begriffe vorrangige Instrumente unserer Welterkenntnis sind? Zunächst – wie sich ergab –, dass wir nicht von vornherein und direkt die Ontologie bevorzugen und unmittelbar nach einer Substanz oder einem Wesen der in der Philosophie untersuchten Gegenstände suchen sollten. Wir können uns Gegenständen bzw. Begriffen wie Mensch, Erkenntnis, Wahrheit oder Gerechtigkeit nicht wie einzelnen sinnlichen Empfindungen oder empirisch wahrnehmbaren Dingen quasi objekthaft nähern. Die Analyse des Inhalts von Begriffen erfordert vielmehr, *die Relationen zum Inhalt anderer Begriffe* zu erforschen.

Die Philosophie hat in ihrer Geschichte neben der direkten Suche nach Substanzen oder Wesenheiten der Welt eine *zweite, metaphysisch-ontologisch zunehmend schwächere und erkenntnistheoretische Relativierungen integrierende Traditionslinie* ausgeprägt. Diese metaphysisch-ontologisch zunehmend schwächere Traditionslinie beginnt schon mit der *Annahme pluraler, objektiver Formen bzw. Ideen* bei Platon und manifestiert sich dann in der *Suche nach Kategorien bei Aristoteles und seiner Einordnung der Substanz als erste Kategorie in eine Abfolge von zehn solcher Kategorien* sowie in der *Tafel von zwölf Kategorien* bei Kant.

Aristoteles hat die folgenden *zehn Kategorien* vorgeschlagen: Substanz (Was-Sein), Quantität, Qualität, Relation, Ort, Zeit, Liegen, Haben, Tun und Erleiden. Dabei spricht er bei der ersten Kategorie manchmal von Substanz (*ousia*) und manchmal von Was-Sein (*ti esti*). Im ersten Fall legt das eher ein *ontologisches* und im zweiten Fall eher ein *erkenntnistheoretisch-begriffliches* Verständnis nahe. Kant hat festgestellt, dass Aristoteles für diese Liste von Kategorien keine Begründung geliefert hat. Sie sei nur »rhapsodisch« entstanden. Kant selbst hat seine eigene Tafel der Kategorien aus einer Tafel der Urteile abgeleitet. Deren Elemente stellt er allerdings seinerseits nur dar, ohne sie weiter zu begründen. Kants zwölf Kategorien bestehen aus vier Gruppen mit jeweils drei Elementen: (1) Quantität: Einheit, Vielheit, Allheit; (2) Qualität: Realität, Negation, Limitation; (3) Relation: Inhärenz und Subsistenz, Kausalität und Dependenz, Gemeinschaft; (4) Modalität: Möglichkeit-Unmöglichkeit, Dasein-Nichtsein, Notwendigkeit-Zufälligkeit. Nach Kant erhoben etwa Fichte, Schelling und Hegel die Frage, wie diese Tafel zum einen sicher zu begründen und zum anderen weiter zu vereinheitlichen, also auf noch abstraktere Begriffe zurückzuführen sei.

Man wird kaum bezweifeln können, dass die von Aristoteles und Kant vorgeschlagenen Kategorien wesentliche abstrakte Begriffe zur philosophischen Erfassung der Gesamtheit aller Gegenstände und Strukturen darstellen. Aber die Unsicherheit des Verständnisses der Kategorien bei Aristoteles als ontologisch oder erkenntnistheoretisch und der unbezweifelbare Wechsel Kants zu einem erkenntnistheoretischen Kategorienverständnis sind ein Indiz, dass es jenseits der von beiden vorgeschlagenen Kategorien noch eine grundlegendere Ebene des Seins- bzw. Gegebenheitsbezugs gibt. Dieser grundlegendere Seins- bzw. Gegebenheitsbezug hat zwei alternative Extreme: Die möglichst weitgehende *Rezeption* des von uns unabhängigen Seins, also eine quasi *ontologische Perspektive* auf der einen Seite, und die möglichst weitgehende *Konstruktion* bzw. *Produktion* der Gegebenheit mit Hilfe eines Sinns, Ziels oder Zwecks, also eine *intentionale Perspektive* auf der anderen Seite.

Zwischen der ontologischen und der intentionalen Perspektive als Extremen kann es verschiedene Abstufungen geben. Zwei zentrale Abstufungen scheinen eine erkenntnisorientierte und eine sprachliche zu sein. Man erhält so vier Grundkategorien oder Perspektiven des Weltbezugs, eine ontologische, eine erkenntnisorientierte, eine sprachliche und eine intentionale. Obwohl man natürlich strikt zwischen Genese und Geltung unterscheiden muss, scheint der Verlauf der abendländischen Philosophiegeschichte mit ihren bereits erwähnten, perspektivisch immer weiter zurücktretenden fundamentalen Paradigmenwechseln von der Vorrangstellung der Ontologie in der Antike und im Mittelalter zur Erkenntnistheorie im 17. und 18. Jahrhundert und dann zur Sprachphilosophie im ausgehenden 19. und 20. Jahrhundert grosso modo eine Manifestation der ersten drei grundlegendsten Alternativen des Weltbezugs zu sein. Diese drei Kategorien lassen sich als alternative Versuche zur Erprobung unseres grundlegenden Weltverhältnisses interpretieren, so wie man – um die obige Metapher in Kapitel VI. 3 noch einmal aufzugreifen – als Mensch in einem dunklen Raum nacheinander alle Wände abtastet, um sich über die Struktur und Beschaffenheit seiner Umgebung klar zu werden. Dabei sind alle Wände Teil der Welt dieses Raums, nicht nur eine einzige.

Die zusätzliche zentrale Bedeutung der menschlichen Intention bzw. pragmatischen Handlungsorientierung ergibt sich aus der notwendigen Eigenschaft der Begriffe, *als Instrumente unserer Welterkenntnis gebraucht werden zu können*, also einem Ziel bzw. Zweck zu dienen. Die Kategorie der Intention hat zwar nicht zu einem derart fundamentalen Paradigmenwechsel geführt, weil sie sich nur auf einen Teil aller Gegenstände, nämlich menschlich verwendete, gestaltete oder geschaffene Gegenstände bezieht. Sie ist aber im Laufe des 19. und 20. Jahrhunderts durch einflussreiche Vertreter der Philosophie wie Brentano, Husserl, Meinong, Grice, Anscombe und Searle zu einem wichtigen Bauelement unserer Welterklärung geworden.

Teilt man nun die ontologische Kategorie noch einmal im Hinblick auf zentrale Aspekte der Ontologie wie Raum und Zeit, Kausalität, Funktionalität und weitere damit noch nicht erfasste Eigenschaften auf, so erhält man wenigstens folgende sieben Gesichtspunkte, die entscheidend sind, um die Was ist?-Frage für einen Gegenstand angemessen beantworten zu können. Diese sieben Gesichtspunkte sind: (1) ein *realer (mereologischer)*, (2) ein *kausaler*, (3) ein *funktionaler*, (4) ein *subsidiär eigenschaftsbezogener*, (5) ein *erkenntnisorientierter*, (6) ein *sprachlicher* und schließlich (7) ein *intentionaler*. Sie lassen sich wie folgt erläutern:

(1) *Reale (mereologische) Bestimmung*: Das »Etwas« wird als ein raum-zeitliches Ding oder eine Tatsache inmitten anderer raum-zeitlicher Dinge oder Tatsachen und als ein Ding oder eine Tatsache mit raum-zeitlichen Teilen begriffen. Wir können unterscheiden: (a) *raum-zeitlich externe Relationen*, (b) *raum-zeitlich interne Relationen*. Möglich sind hier auch nur zeitlich bestimmte Entitäten.

(2) *Kausale Bestimmung*: Dies ist eine der zentralen raum-zeitlich externen Relationen. Wir können den in Rede stehenden Gegenstand bestimmen: (a) als *Ursache*, (b) als *Wirkung*.

(3) *Funktionale Bestimmung*: »Funktion« wird hier als ein Beitrag zur Erhaltung eines Ganzen verstanden, also nicht in einem mathematischen oder logischen, sondern in einem biologisch-soziologischen Sinn, zum Beispiel im Sinne der Funktion der Lunge für den menschlichen Organismus.

(4) Bestimmung durch *sonstige, nicht raum-zeitliche und nicht kausale oder funktionale Eigenschaften und Relationen*, zum Beispiel die Bestimmung des Menschen über seine Vernünftigkeit. Man kann hier qualitative, komparative und quantitative Eigenschaften bzw. Begriffe unterscheiden.

(5) *Erkenntnisorientierte Bestimmung des Etwas* durch das Verhältnis seines Begriffs zu anderen Begriffen innerhalb der Begriffspyramide: (a) *Abstraktion* (z. B.: Hunde sind Wirbeltiere und unterteilen sich in mehrere Rassen), (b) *Konkretion* (z. B.: Schäferhunde, Bernhardiner usw.).

(6) *Sprachlich-semantische Bestimmung des Etwas* als Bedeutung sprachlicher Ausdrücke, zum Beispiel Sinn und Bedeutung (Intension und Extension) von »Morgenstern«, »Abendstern« und »Venus«.

(7) *Intentionale Bestimmung* des Etwas als durch menschliche Ziele geprägt. Und zwar in jedem Fall sinnhaft, etwa im Falle der Sprache oder sozialer Konventionen, zum Beispiel der Sinn von Gesetzen als Verhaltensbestimmung; in den meisten Fällen dann aber auch

unmittelbar zweckhaft, zum Beispiel: ein Stuhl ist zum Sitzen da, ein Auto zum Fahren, ein Artikel wurde geschrieben, um den Leser zu überzeugen, usw.

2. Zur Anwendung dieser sieben Grundkategorien unserer philosophischen Begriffs- und damit Weltbestimmung können zwei Regeln dienen:

Erstens: Diese sieben Gesichtspunkte sind immer zu untersuchen, wenn wir »Was ist etwas?« fragen. Das heißt, ein Ergebnis ihrer Anwendung mag zwar im Einzelfall verneint werden. Die Frage nach diesen Gesichtspunkten ist aber nicht von vornherein sinnlos. In vielen Fällen genügt damit auch keine so einfache Formel für eine Definition wie die klassische Definitionsformel durch die nächsthöhere Gattung und den spezifischen Unterschied, wiewohl diese Formel immer ein wichtiger Ausgangspunkt sein wird.

Zweitens: Die einzelnen Aspekte werden je nach analysiertem Gegenstand ein sehr unterschiedliches Gewicht für die Gesamtbestimmung haben. Bei natürlichen Objekten wie Bäumen ist die reale, kausale, funktionale und begriffliche Bestimmung dominant, bei anderen, nicht-natürlichen Objekten wie Begriff und Philosophie dagegen die intentionale, sprachliche und erkenntnisorientierte. Die Anwendung der Kategorien auf die letzten beiden Beispiele führt zu folgenden Ergebnissen, die hier zur Erläuterung der Methode und deshalb ohne weitere Diskussion dargestellt werden:

Die bestimmenden Gesichtspunkte des Begriffs Begriff:

(1) Reale, mereologische, raum-zeitliche Bestimmung:
   (a) Externe Relationen: Teil von mental verstandenen Urteilen, Schlüssen, Theorien und damit menschlicher Erkenntnis als Eigenschaft und Ergebnis menschlichen Handelns. Begriffe stehen wohl nur in zeitlicher Relation zu anderen Entitäten.
   (b) Interne Relationen: –
(2) Kausale Bestimmung: nur zutreffend, sofern Begriffe als mentale Entitäten und kausal wirksam angenommen werden
   (a) Ursache: sinnliche Wahrnehmung, andere Begriffe
   (b) Wirkung: andere Begriffe, Erkenntnis

(3) Funktionale Bestimmung: Ermöglichung von gedanklicher Erkenntnis
(4) Qualitative Bestimmung: begrenzt durch andere Begriffe
(5) Erkenntnisorientierte Bestimmung:
  (a) Abstraktion: Instrument der Erkenntnis
  (b) Konkretion: beschreibender, bewertender, vorschreibender Begriff; einteilender, abstufender, quantitativer Begriff
(6) Sprachliche/semantische Bestimmung: »Begriff«, »concept«, »idea« sind gleichbedeutende Ausdrücke. Eine Referenz besteht nur auf einen Aspekt des kognitiven menschlichen Tätigseins (anders Frege). Der Ausdruck hat Sinn (Intension), aber nur eine eingeschränkte Bedeutung (Extension).
(7) Intentionale Bestimmung: dient unserer Erkenntnis der Welt
Das Hauptgewicht liegt auf den Bestimmungen (7), (6) und, schwächer, (5). Begriffe dienen vor allem unserer Erkenntnis. Die Bestimmungen (1)–(4) spielen nur eine untergeordnete Rolle.

Die bestimmenden Gesichtspunkte des Begriffs Philosophie:

(1) Reale, mereologische, raum-zeitliche Bestimmung:
  (a) Externe Relationen: koordinative und kooperative menschliche Praxis des Denkens und Handelns, konkreter: unserer Suche nach Erkenntnis
  (b) Interne Relationen: Begriffe, Urteile, Argumente, Thesen, Theorien, Subdisziplinen
(2) Kausale Bestimmung:
  (a) Ursache: Staunen, Verwunderung, intellektuelle Sehnsucht
  (b) Wirkung: Veränderung unserer Einsicht in die Welt, genauer: Veränderung der faktischen Begriffe, Urteile, Argumente, Thesen, Theorien usw.
(3) Funktionale Bestimmung: Rahmen aller Erkenntnis
(4) Qualitative Bestimmung: auf allgemeine Struktur der Welt gerichtet, umfassendes Erkenntnisziel, methodenoffen, selbstreflexiv
(5) Erkenntnisorientierte Bestimmung:
  (a) Abstraktion: Suche nach Erkenntnis
  (b) Konkretion: Theoretische Philosophie, Praktische Philo-

sophie, Ontologie, Erkenntnistheorie, Sprachphilosophie, Ethik, Ästhetik, Handlungstheorie usw.

(6) Sprachliche/semantische Bestimmung: »Philosophie«, »philosophy«, »philosophie« sind gleichbedeutende Ausdrücke. Referenz nur auf Teil menschlichen Tätigseins und seine Ergebnisse. Der Ausdruck hat Sinn (Intension) und eine Referenz auf unsere Praxis (Extension).

(7) Intentionale Bestimmung: Suche nach Einsicht in die Welt

Das Hauptgewicht liegt wie beim Begriff des Begriffs auf den Bestimmungen (7), (6) und (5). Die Bestimmungen (1)–(3) spielen wie dort nur eine untergeordnete Rolle. Die Bestimmung (4) ist wichtig für die oben erläuterte Abgrenzung zu anderen Formen der Erkenntnis.

Zum Abschluss dieses Kapitels eine Anmerkung: Die soeben entfalteten sieben Kategorien sind im Vergleich zu den Begriffen der einzelnen Wissenschaften und unseres Alltags abstrakter. Sie können verwendet werden, um konkretere Begriffe, wie Begriff und Philosophie, besser zu verstehen. Sie wären aber zur Einsicht in noch abstraktere Begriffe der Philosophie wie Ding, Identität, Relation oder Existenz ungeeignet. Eine Erste Philosophie müsste deshalb diese sieben Kategorien ihrerseits noch einmal zu den abstraktesten Begriffen der Philosophie in Beziehung setzen.

IX. Philosophie, Geschichte und philosophischer Fortschritt

l. Die Philosophie thematisiert seit ihren Anfängen in höherem Maße als die Einzelwissenschaften *ihre eigene Geschichte*. Das gilt nicht nur für eher traditionsbewusste Strömungen der Philosophie, wie die Hermeneutik. Auch die Analytische Philosophie knüpft mittlerweile intensiv an ihre historischen Gründerväter an, etwa Frege und Wittgenstein. Der Grund für diesen besonderen Bezug der Philosophie auf ihre eigene Geschichte liegt in ihren vier besonderen Eigenschaften der Allgemeinheit des Gegenstands, der Umfassendheit des Erkenntnisziels, der prinzipiellen Methodenoffenheit und der Selbstreflexion. Vor allem die Selbstreflexion des philosophischen Tätigseins erfordert es, auch die eigene Problem- und Ideenentwicklung zu berücksichtigen. Diese Entwicklung ist Teil der Tatsache bzw. des Phänomens der Philosophie als Ganzes. Sie muss deshalb in den Blick genommen werden, will man sich vollständig über das eigene Philosophieren, das heißt einschließlich seiner zeitlichen Tiefendimension klar werden. Die Methodenoffenheit der Philosophie erfordert es überdies, immer wieder bereits bekannte Methoden an neuen Gegenständen und Zielen zu erproben. Die Umfassendheit des philosophischen Erkenntnisziels schließt nicht zuletzt die Veränderung von konkreteren Begriffen, Urteilen und Theorien in der Zeit ein. Die Abstraktheit der philosophischen Gegenstände führt dazu, dass definitive und abschließende Lösungen einzelner philosophischer Fragen nicht leicht zu erreichen sind. Antworten und vor allem Fragen früherer Denker werden deshalb nicht so einfach wie in den Einzelwissenschaften obsolet. Die Ideengeschichte der Philosophie ist aus diesen Gründen notwendiger Bestandteil guten sachlichen Philosophierens. Dies gilt besonders für das Studium der Philosophie, weil man nur in Auseinandersetzung mit den besten Werken und Denkern die Höhe des Standards hervorragenden Philosophierens erfahren kann. Bloßes Reagieren auf das gerade Aktuelle ist

dazu weder hinreichend noch auch nur wenigstens immer förderlich.

Allerdings muss daran erinnert werden, dass das Ziel der Philosophie die umfassende sachliche Einsicht in die Gesamtheit der
Gegenstände und Verbindungen, also in die allgemeine Struktur
der Welt ist. Dieses Ziel ist nicht vorrangig ein historisches bzw.
ideengeschichtliches. Der philosophische Rahmen schließt die Geschichte und die Geschichtswissenschaft sowohl in ihrer Form als
Real- wie auch als Ideengeschichte ein, ist aber nicht hauptsächlich
geschichtlich. Die Geschichte ist deshalb Teil der philosophischen
Einsicht, aber eben nur ein Teil. Die Ideengeschichte der Philosophie, aber auch die Philosophie der allgemeinen Geschichte, also
die Geschichtsphilosophie, sind respektable Elemente der Philosophie, aber eben lediglich einzelne Elemente. Die Aufgabe der Philosophie ist die umfassende Einsicht in alle Strukturen.

Dieses Ziel sollte man allerdings zur Vermeidung von Verwir-
rungen besser nicht als »systematisch« bezeichnen, wie es in Abgrenzung zu historischen Untersuchungen gelegentlich geschieht.
Die Systematik ist, wie sich in Kapitel VI. 1 ergab, ein einzelnes
Qualitätsmerkmal der Philosophie, ja jeder Erkenntnis. Sie ist
auch von geschichtlichen Studien der Philosophie zu fordern. Die
Systematik ist also eines unter mehreren Mitteln zur Gewinnung
philosophischer Einsicht. Entscheidend ist aber nicht das Mittel,
sondern das Ziel. Und das Ziel ist das des umfassenden sachlichen
Rahmens unserer sonstigen Erkenntnisse der Welt. Man sollte also
besser von »sachlicher« oder »gegenstandsbezogener« Philosophie
in Abgrenzung zur historischen Philosophie als einem ihrer Teile
sprechen.

2. Wirft man einen reflektierenden Blick auf die Philosophiegeschichte, so stellt sich die Frage: *Gibt es in der Philosophie so etwas
wie einen Fortschritt?* Angesichts der Vielzahl mehr oder minder
umfassender und einander in Teilen oder zur Gänze widerspre-
chender philosophischer Systeme und Entwürfe zweifeln viele an
einem derartigen Fortschritt. Und eine Alternativhypothesen wi-
derlegende empirische Tatsache, ein experimentum crucis wie in
den Naturwissenschaften, kann es in der Philosophie nicht geben,
denn einzelne Dinge und Tatsachen sind nicht direkter Gegenstand

der Philosophie. Viele, die sich mit der Philosophie beschäftigen, sind dennoch der Ansicht, dass die Philosophie in ihrer Suche nach umfassender Einsicht vorangekommen ist. Aber wie und warum? Verschiedene Formen des philosophischen Fortschritts lassen sich unterscheiden:

(1) Die grundlegendste Form des Fortschritts in der Philosophie kann am besten ein Beispiel verdeutlichen: Man denke sich einen Gegenstand G zum Zeitpunkt t1, für den es nur einen einzigen Erklärungsversuch E1 gibt. Dieser Erklärungsversuch ist weder bewiesen noch widerlegt. Mangels anderer Alternativen bleibt uns dann nichts anderes übrig, als diesen Erklärungsversuch für die zutreffende Erklärung zu halten, sofern wir nicht beim Nichtwissen bzw. Nichterklären stehenbleiben wollen. Zum späteren Zeitpunkt t2 taucht nun ein weiterer Erklärungsversuch E2 auf, der ebenfalls weder bewiesen noch widerlegt ist und der zur ersten Erklärung im Widerspruch steht. Wir haben nun zwei einander widersprechende Erklärungsversuche des Gegenstands G und können deshalb die erste Erklärung E1 nicht mehr ohne Weiteres für zutreffend halten. Sie sinkt nunmehr zur bloßen Möglichkeit unter zweien herab. Das mag hinsichtlich des Verständnisses des Gegenstands G weniger befriedigend sein als der Zustand t1, in dem wir die erste Erklärung E1 als richtig ansehen konnten, weil sie die einzige war. Eine bisher für zutreffend gehaltene Erklärung des Gegenstands G ist nun durch eine andere, grundsätzlich ebenso wahrscheinliche, aber widersprechende Erklärung herausgefordert.

Aber trotz dieser unbefriedigenden Situation hinsichtlich der einzelnen Erklärung des individuellen Gegenstands G lässt sich ein *Fortschritt unserer Einsicht in die Welt feststellen.* Wir haben erkannt, dass die frühere Annahme zum Zeitpunkt t1, die Erklärung E1 sei eine ohne Weiteres zutreffende und damit gute Erklärung des Gegenstands G, falsch war, was als solches schon einen Fortschritt darstellt. Und wir haben eine zusätzliche mögliche Erklärung E2 gewonnen. Der Raum unserer möglichen Erklärungen ist auf diese Weise zum einen von einem Irrtum befreit und zum anderen reicher geworden. Wir haben mehr über die Gesamtheit der Gegenstände und Verbindungen gelernt. Das bedeutet: Hinsichtlich der singulären Frage nach dem einzelnen Gegenstand G hat sich die

Lage zwar verschlechtert. Aber in einer umfassenden, philosophischen Perspektive auf die Welt hat sich die Lage verbessert. Obwohl man eine solche Erweiterung der Möglichkeiten auch in anderen Disziplinen als Fortschritt ansehen muss, gilt dies für die Philosophie mit ihrer umfassenden Perspektive in besonderem Maße.

Vergleichbar ist die Situation im Hinblick auf die vielen verschiedenen Systemvorschläge der Philosophie. Da die Philosophie das Ziel umfassender Einsicht hat, ist sehr gut erklärbar, warum sich in ihr *nicht nur wie in den Einzelwissenschaften einzelne Thesen und Theorien, sondern regelmäßig umfassende Systementwürfe gegenüberstehen.* Jeder neue Vorschlag, der den oben aufgeführten acht Qualitätsmerkmalen der Philosophie plus eventuell den Merkmalen der Originalität und Wahrheit genügt und damit eine ernst zu nehmende Erklärungshypothese darstellt, erweitert die Möglichkeiten und relativiert bisherige Vorschläge. Der Raum unserer denkbaren Welterklärungen wird somit von ohne Weiteres zu akzeptierenden Erklärungen befreit und reichhaltiger. Diese Zunahme an Möglichkeiten ist eine Art von Fortschritt. Man kann sie den »modalen Fortschritt« nennen. Ein Beispiel sind die erwähnten großen Paradigmenwechsel der Philosophie vom Sein bzw. Gegebenen über die Erkenntnis zur Sprache als zentralem Untersuchungsgegenstand und Königsweg der Methode, die – selbst sofern man keines dieser Paradigmen für allein gut begründet hält – zumindest die Menge der denkbaren Antworten erweitert haben.

(2) Die Zunahme an Möglichkeiten der Welterklärung erlaubt eine weitere Art des Fortschritts. Stehen mehr Möglichkeiten zur Verfügung, so führt das regelmäßig zu einer intensiveren Untersuchung der Differenzen und Gemeinsamkeiten dieser Möglichkeiten. Die einzelnen Möglichkeiten können präziser und plastischer herausgearbeitet und systematisiert werden. Ein Beispiel für eine solche präzisere und plastischere Herausarbeitung und Systematisierung wäre etwa die Unterscheidung zwischen deontologischer und teleologischer Ethik in der Praktischen Philosophie mit ihren vielen Unterformen, etwa in der teleologischen Ethik der Konsequentialismus, der Utilitarismus usw. Wir sehen heute die Alternativen normativ-ethischer Begründung aufgrund der vielen Möglichkeiten erheblich präziser und deutlicher als früher. Man kann die-

sen Fortschritt den »analytischen und systematischen Fortschritt« nennen.

(3) Neben diesen eher die Philosophie bzw. Welterklärung als Ganzes betreffenden Formen des Fortschritts haben die Diskussionen der Philosophie aber auch einen echten Fortschritt in vielen Einzelfragen erbracht. So sind etwa verschiedene Versuche eines Beweises des Daseins Gottes als fehlerhaft erkannt worden. Generell verstehen wir heute manche zentralen Begriffe der Philosophie besser als früher. Bei allem nach wie vor ausgetragenen Streit gilt dies etwa für die Begriffe des Wissens, der Wahrheit, der Gerechtigkeit, der Logik, der Kausalität und der Kunst. Man kann dies den »singulären Fortschritt« nennen. Dieser Fortschritt manifestiert sich auch in einer gesteigerten Sensibilität für das grundlegende Problem der Bestimmbarkeit derartiger Begriffe, wie sie etwa die klassische, aber auch die moderne Skepsis hervorgerufen haben.

Die vorliegende Studie versucht, etwas mehr Einsicht in das Phänomen und den Begriff der Philosophie zu gewinnen. Sollte der Leser zu der Auffassung gelangen, dies sei nicht gänzlich misslungen, könnte er dies auch als ein, allerdings außerordentlich kleines Stück philosophischen Fortschritts verstehen.

X. Philosophische Subdisziplinen und Strömungen

Wie bei jeder Suche nach Erkenntnis, etwa jeder Einzelwissenschaft, mag auch bei der Philosophie aus praktischen Gründen eine *Gliederung in einzelne Subdisziplinen* nützlich sein. Allerdings darf dabei das *Ziel der philosophischen Suche nach umfassender Einsicht in die Gesamtheit der Strukturen und Gegenstände* nicht aus dem Blick geraten. Jede Parzellierung der Philosophie birgt die Gefahr, dieses Ziel zu verfehlen. Man sollte sich also bewusst bleiben, dass derartige Subdisziplinen der Philosophie nur praktischen Nützlichkeitserwägungen geschuldete Beschränkungen der ganzheitlichen Suche nach umfassender Einsicht sein können. Jeder Versuch, eine dieser Subdisziplinen vollkommen abgelöst von der Philosophie im Ganzen zu betreiben oder gar zur Fundamentaldisziplin der Philosophie zu erheben, steht im Widerspruch zur eigentümlichen Allgemeinheit des philosophischen Gegenstands und zur Umfassendheit des philosophischen Erkenntnisziels. Anders als in den Einzelwissenschaften mit ihren immer weiter teilbaren Gegenständen ist somit eine zunehmende Aufspaltung der Philosophie in die beschränkteren Perspektiven von Subdisziplinen nicht sinnvoll. Und sofern eine Subdisziplin der Philosophie die umfassende Perspektive gänzlich aufgibt, wird sie zur Einzelwissenschaft und scheidet aus der Philosophie aus. Vor dem Hintergrund dieser grundsätzlichen Einschränkung hat sich die folgende Gliederung der philosophischen Subdisziplinen als nützlich erwiesen:

1. Philosophische Untersuchungen lassen sich gemäß Platons und Aristoteles' Unterscheidung von betrachtungs- (*gnostikos, theoretikos*) und handlungsbezogener (*praktikos*) Erkenntnis in *Theoretische* und *Praktische Philosophie* teilen. Eine Begründung dieser Teilung können die Aristotelischen Kategorien des Handelns »Leiden, Aufnehmen« und »Tun« liefern. Der theoretische, aufnehmende Teil des Philosophierens fragt als Teil des philosophi-

schen Rahmens nach den abstraktesten gegebenheitsorientierten, erkenntnisbezogenen und sprachlichen Gegenständen und Zusammenhängen. Der praktische, tätige Teil des Philosophierens sucht nach den Begründungen, die unser Tun und Beurteilen rechtfertigen.

Man kann sich wundern, warum erst die relativ nachgeordneten und damit konkreten Kategorien von Tun und Leiden und nicht die fundamentaleren Kategorien der Substanz, Quantität, Qualität oder Relation zur ersten, grundlegenden Differenzierung der Philosophie führen sollen. Die Antwort wird man vielleicht mit Verweis auf den *Tätigkeitscharakter* aller Suche nach Erkenntnis und damit allen Philosophierens geben können: Da jede Suche nach Erkenntnis Tätigsein ist, bilden die *tätigkeitsbestimmenden Kategorien* des *Tuns* und *Leidens* bzw. *Aufnehmens* erste Ansatzpunkte für eine Differenzierung desjenigen Tätigseins, das nach Einsicht fragt, also des Philosophierens.

Die *Theoretische Philosophie* untersucht die allgemeinsten ontischen, erkenntnisbezogenen und sprachlich-zeichenhaften Gegenstände und Zusammenhänge der Welt. Sie kann entsprechend noch einmal in Ontologie, Erkenntnistheorie und Sprachphilosophie unterteilt werden. Die Theoretische Philosophie steht in besonderem Zusammenhang mit der Mathematik, den Naturwissenschaften und sonstigen empirischen Wissenschaften und hat entsprechend weitere Subdisziplinen.

Die Praktische Philosophie fragt nach einer Beschreibung, Bewertung, Normierung und Rechtfertigung unseres Handelns, unserer Wertungen und unserer Verpflichtungen. Sie steht in besonderem Zusammenhang mit den Einzelwissenschaften der Moral- und Sozialpsychologie sowie der Politischen Wissenschaft, Sozialwissenschaft und Rechtswissenschaft. Entsprechend kann man zwischen Individualethik, Politischer Philosophie, Sozialphilosophie und Rechtsphilosophie unterscheiden.

Die pragmatische Unterteilung des Philosophierens in Theoretische und Praktische Philosophie schließt die Bildung weiterer Subdisziplinen nicht aus, die sich keiner der beiden großen Teile ohne Weiteres zuordnen lassen, wie die Ästhetik, oder übergreifend sind, wie die formale Logik und die Handlungstheorie.

2. Der philosophische Rahmen (vgl. Kapitel III. 10) ist einerseits kein Fundament der Einzelwissenschaften, denn er ruht auf deren Weltverständnis auf. Die abstraktesten Elemente der Einzelwissenschaften – etwa ihre Grundbegriffe und Methodenreflexionen – gehen in den philosophischen Rahmen über und konstituieren ihn mit. Der philosophische Rahmen ist andererseits aber auch keine bloße Folge der Einzelwissenschaften, denn eine derartige einzelwissenschaftliche Folge könnte nicht zum Rahmen für alle anderen Wissenschaften sowie unsere sonstige immanente Welterkenntnis werden. Der philosophische Rahmen ist gegenüber den Einzelwissenschaften also nicht funktionslos. Er kann für deren abstrakteste Grundbegriffe und Methoden begründend und erkenntnisfördernd wirken.

Der Einfluss des philosophischen Rahmens ist allerdings nicht auf alle Einzelwissenschaften gleich. Er *wächst mit der zunehmenden Künstlichkeit des Gegenstands einer Wissenschaft.* Warum? Künstliche Gegenstände sind zum einen Ergebnis menschlicher Ziel- bzw. Zweckhaftigkeit, das heißt Intentionalität. Sie werden zum anderen durch natürliche Gegenstände geprägt.

Das bedeutet: Bereits die Gegenstände der Kultur- bzw. Geisteswissenschaften lassen sich nicht so klar wie natürliche Gegenstände voneinander unterscheiden. Und die gemeinsame Prägung durch natürliche Gegenstände führt zu weiteren Verbindungen. Die Folge ist, dass der allgemeine Zusammenhang dieser Gegenstände und damit ihr philosophischer Charakter schon auf einer weniger abstrakten Ebene ihrer Erkenntnisse an Einfluss gewinnen.

Der philosophische Rahmen interferiert also mit den Geistes- und Kulturwissenschaften stärker und tiefgreifender als mit den Naturwissenschaften. Sein Einfluss wächst noch weiter bei nicht-deskriptiven Wissenschaften, wie der Ästhetik, der Rechtswissenschaft und der normativen Moralbetrachtung, weil deren Präskriptionen und Evaluationen ihrerseits Deskriptionen und damit einen umfassenderen Zusammenhang voraussetzen. Letztere ist praktisch mit der Ethik als Teil der Philosophie identisch. Folgendes Schaubild zeigt diese zunehmende Interferenz des philosophischen Rahmens mit den Einzelwissenschaften, der zu einem wachsenden Einfluss philosophischer Einsicht führt (der Kurvenverlauf ist nur vage und müsste natürlich weiter erklärt und präzisiert werden, die strikte Grenzziehung ist darstellungstechnisch bedingt und nicht realistisch):

zunehmende Abstraktheit

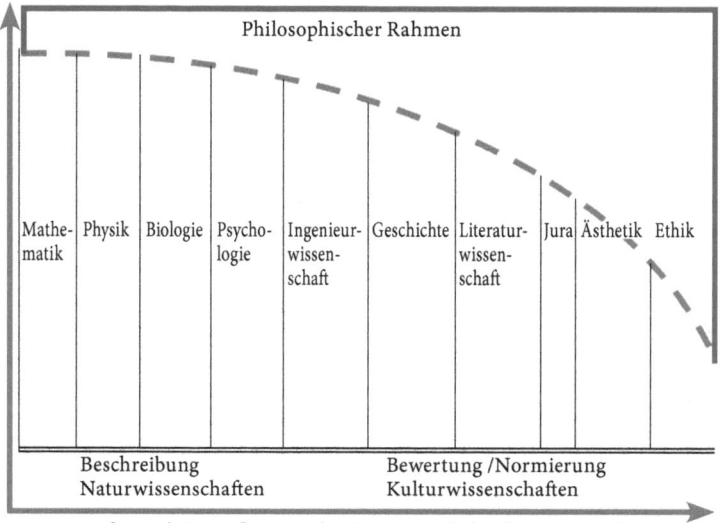

Philosophischer Rahmen

| Mathe-matik | Physik | Biologie | Psycho-logie | Ingenieur-wissen-schaft | Geschichte | Literatur-wissen-schaft | Jura | Ästhetik | Ethik |

Beschreibung
Naturwissenschaften

Bewertung /Normierung
Kulturwissenschaften

zunehmende Beeinflussung des Gegenstands durch den Menschen

Nun kann man sich auch klarmachen, warum die Praktische Philosophie in stärkerem Maße als die Theoretische Philosophie die philosophische Grundmethode der Begriffsanalyse überschreitet. In den Wissenschaften, die besonders eng mit der Praktischen Philosophie verbunden sind, also vor allem in der *Jurisprudenz* und der *normativen Moralwissenschaft*, geht es außer um Fragen der Begriffsanalyse besonders um Fragen der Begründung. Im Übrigen prägen auch die spezifisch normativen Ziele dieser korrespondierenden Wissenschaften die Praktische Philosophie.

3. Mit der Philosophie Vertraute werden bemerkt haben, dass eine Subdisziplin – manche würden eher sagen: Hauptdisziplin – der Philosophie noch gar nicht erwähnt wurde: die *Metaphysik*. Das hat folgenden Grund: Der Ausdruck »Metaphysik« leidet an einem fundamentalen und wohl kaum heilbaren Geburtsfehler. Er wurde, soweit ersichtlich, nicht von einem sachlich interessierten Philosophen als inhaltlich begründete Kennzeichnung einer Subdisziplin

der Philosophie eingeführt, sondern vermutlich von dem Aristoteles-Herausgeber Andronikos von Rhodos im 1. Jahrhundert v. Chr. zur Bezeichnung der editorischen Zusammenfassung einiger Schriften des Aristoteles erfunden, die er aus welchen Gründen auch immer »nach der Physik« eingeordnet hatte, vielleicht weil darin Fragen behandelt werden, die sich seiner Meinung gemäß »nach der Physik« stellen. Aristoteles selbst hat diesen Ausdruck in seinen Schriften nicht gebraucht. Er sprach immer nur von »Erster Philosophie« im Sinne einer Wissenschaft des Seins als solchem und der ersten Gründe und Ursachen, das heißt der Prinzipien. Angesichts der Tatsache, dass der Terminus »Metaphysik« historisch die Disziplinbezeichnung des Aristoteles verfälscht sowie wohl als Verlegenheitsetikett entstanden ist und mangels klaren begrifflichen Gehalts vielfältige Möglichkeiten zu Missverständnissen und Spekulationen bietet, erscheint seine Verwendung fragwürdig. Man sollte möglichst auf ihn verzichten, auch wenn dies angesichts der etablierten Wortgeschichte vielleicht nicht einfach sein mag.

Es erscheint vielmehr einerseits vorzugswürdig, von »Erster Philosophie« zu sprechen, sofern man den *allgemeinsten Teil der Philosophie* meint, das heißt, sofern man sich *nicht auf Fragen und Probleme der Philosophie beschränken will*, die sich eindeutig einer der erwähnten philosophischen Subdisziplinen zuordnen lassen – immer eingedenk der bereits ausgesprochenen Warnung, dass die Philosophie mit ihrem Ziel der umfassenden Einsicht schon begrifflich nicht zum Zweck der Beschränkung auf einzelne abgrenzbare Gegenstände geteilt werden kann wie die Einzelwissenschaften. Für die engeren Fragen nach dem Sein des Seienden und nach Gott, die unter anderem in Aristoteles' *Metaphysik* behandelt werden, stehen andererseits mit der *Ontologie* und der *Religionsphilosophie* zwei begrifflich klar definierte Subdisziplinen der Philosophie zur Verfügung.

Der vorliegende Versuch wäre dann ein solcher, allerdings nur sehr vorläufiger und eingeschränkter, da auf den Aspekt der philosophischen Selbstreflexion limitierter, der Ersten Philosophie.

4. Jenseits der bereits erwähnten Qualitätskriterien und Kategorien gibt es viele verschiedene Meinungen über gutes und richtiges Philosophieren, verkörpert in den verschiedensten *Strömungen*

und *Schulen* der Philosophie. Philosophisch geschulte Leser haben sicher bereits versucht, den vorliegenden Versuch einer dieser Strömungen und Schulen zuzuordnen. Der Autor hegt die Hoffnung, dass ihnen dies bisher nicht gelungen ist. Jedenfalls war es seine Absicht, eine solche Zuordnung möglichst zu vermeiden. Denn eine derartige Zuordnung zu einer Strömung oder Schule würde die freie und offene Selbstreflexion auf das Phänomen der Philosophie als allgemeine Suche nach umfassender Einsicht schwieriger, wenn nicht gar unmöglich machen.

Damit ist bereits eine Einschätzung der faktischen Zersplitterung der Philosophie in Schulen und Strömungen angedeutet. Die Zersplitterung mag einem berechtigten Bedürfnis einzelner Philosophierender nach Eingrenzung des weiten und relativ unbestimmten Erkenntnisraums der Philosophie entspringen. Aber damit wird gerade das eigentümliche Ziel der philosophischen Suche nach umfassender Einsicht gefährdet. Die umfassende Perspektive der Philosophie wird von vornherein limitiert. Die Sachfragen der Philosophie sollten deshalb besser jenseits dieser Strömungen und Schulen und damit *möglichst methodenoffen*, das heißt mit den jeweils fruchtbarsten Methoden aller möglichen Strömungen und Schulen und sonstigen Erkenntnismitteln behandelt werden. Jede dieser Strömungen oder Schulen verengt von vornherein die umfassende Suche der Philosophie nach Einsicht. Dafür wäre eine philosophische Rechtfertigung notwendig, die zumindest aus einer abstrakten Perspektive nicht erkennbar ist.

Eine angemessene Auseinandersetzung mit den einzelnen Strömungen und Schulen der Philosophie würde Bände füllen. Sie kann hier nicht auch nur versucht werden. Aber keinen Eindruck von den Strömungen und Schulen und keine Begründung für die geäußerten Zweifel hinsichtlich ihrer Verantwortung für die Zersplitterung der Philosophie zu liefern, wäre angesichts der Leitfrage dieser Untersuchung nach dem Phänomen der Philosophie auch schwer zu rechtfertigen. Also sollen wenigstens die bedeutsamsten Strömungen und Schulen kurz erwähnt werden. Dabei – dies sei betont – soll nicht bezweifelt werden, *dass manche oder vielleicht sogar viele der Methoden und Einsichten dieser Strömungen und Schulen nützlich, richtig und wichtig sind.* Hier sollen nur die bereits geäußerten Zweifel an jeder grundsätzlichen, schulhaften

Einschränkung des Gegenstands, des Ziels und der Methode der Philosophie weiter gerechtfertigt werden.

(1) Die *Phänomenologie* sieht im Anschluss an Edmund Husserl das Ziel der Philosophie in der Untersuchung der Gegebenheiten der Welt, *wie sie sich im menschlichen Bewusstsein als Phänomene, das heißt als Elemente eines auf die Welt gerichteten, »intentionalen« Bewusstseins darstellen.* Die Phänomenologie hat sich in vielen sehr unterschiedlichen Varianten weiterentwickelt, etwa wesens- und wertphänomenologisch bei Max Scheler, fundamentalontologisch bei Martin Heidegger, leiborientiert bei Maurice Merleau-Ponty, mit einer existentialistischen Betonung des Nicht-Seins bei Jean-Paul Sartre, schließlich mit einem Vorrang der ethischen Beziehung zum Anderen bei Emmanuel Lévinas.

So wichtig die Analyse und Beschreibung einzelner Phänomene des Bewusstseins ist, so wenig kann doch die Vernachlässigung der realen Ursachen und Wirkungen dieser Bewusstseinsphänomene und deren sprachlicher Fassung überzeugen. Jede Beschränkung der Philosophie als Ganzes auf Phänomene des Bewusstseins lässt das Philosophieren unweigerlich – trotz aller antipsychologistischen Beteuerungen – in Konkurrenz zur Psychologie als Einzelwissenschaft treten und reduziert auf diese Weise die eigentümlich umfassende Perspektive der Philosophie.

(2) Die *Hermeneutik* sieht ein zentrales Ziel der Philosophie *im Verständnis klassischer Texte sowie der Entwicklung der darin enthaltenen Welterkenntnis.* Das hermeneutische Verstehen wird dann nicht nur zur umfassenden Methode der Geisteswissenschaften, etwa bei Wilhelm Dilthey, sondern – allerdings nunmehr sehr erweitert und verändert – sogar zum Verstehen des Seins des Daseins bei Martin Heidegger oder der Sprache bei Hans-Georg Gadamer.

Das Verstehen klassischer Texte und dann erweitert des Seins des Daseins und der Sprache sind zentrale Ziele der Philosophie. Die Umfassendheit der philosophischen Perspektive insbesondere auch im Hinblick auf die Mathematik und die Naturwissenschaften würde allerdings beschränkt, versuchte man die Philosophie auf eine derart spezifische, geisteswissenschaftliche Methode des Verstehens festzulegen. Die Philosophie kann ihre Besonderheit eines umfassenden Rahmens aller Erkenntnis und aller Wissenschaften nicht entfalten, sofern man sie als Geisteswissenschaft unter anderen Geisteswissenschaften auffasst. Die Philosophie ist also weder eine einzelne Geistes-, noch eine einzelne Natur- oder Strukturwissenschaft.

Sein, Dasein und Sprache sind zentrale Gegenstände der Philosophie. Ob sich die Philosophie die Untersuchung dieser Gegenstände aber zum hauptsächlichen oder vielleicht sogar einzigen Ziel wählen sollte, ist selbst eine schwierige und erörterungsbedürftige inhaltliche Frage der Philosophie. Es erscheint wenig sinnvoll, die Entscheidung dieser Frage bereits auf einer abstrakten fundamentalmethodischen Ebene vorauszusetzen und damit vorwegzunehmen.

(3) Die *Kritische Theorie* hat seit ihren Gründervätern Max Horkheimer und Theodor W. Adorno *die Analyse der Gesellschaft in Form einer Kritik der instrumentellen, die Natur und den Menschen verdinglichenden und sich so selbst destruierenden Vernunft* zum Ziel erklärt. Jürgen Habermas hat dann der instrumentellen Vernunft die positive Perspektive einer kommunikativen Vernunft entgegengesetzt. Die Analyse und Kritik der Gesellschaft ist allerdings nur ein, wenn auch sehr wichtiger, Teil der philosophischen Suche nach umfassender Einsicht in die Welt. Sie macht die Theoretische Philosophie von der Praktischen Philosophie und diese wiederum von der Sozialphilosophie abhängig. Damit zahlt sie einen hohen, wohl zu hohen Preis für ihre Annäherung an die Soziologie, deren Anspruch als Leitwissenschaft heute kaum mehr aufrechterhalten werden kann.

(4) Nach Auffassung der *Transzendentalphilosophie* soll in Anlehnung an Kant die zentrale Aufgabe der Philosophie darin bestehen, *die Bedingung der Möglichkeit von Erkenntnis a priori, das heißt unabhängig von sinnlicher Erfahrung zu analysieren*, also Erkenntnis »transzendental« zu verstehen. Mit den Bedingungen der Möglichkeit von Erkenntnis ist ohne Zweifel ein wichtiger Gegenstand der Philosophie benannt. Nicht verständlich ist jedoch, warum die Philosophie als Ganzes auf diesen Gegenstand eingeschränkt werden soll. Erkenntnis ist zwar eine notwendige Bedingung der Ein-

sicht in die Welt. Aber wenn Erkenntnis die Welt nicht vollständig erzeugt, wenn also der Idealismus in einer extremen Form nicht zutrifft, kann Erkenntnis nicht der einzige Aspekt der Welt sein, den die umfassende Einsicht der Philosophie integrieren muss. Die erkenntnisbedingende Welt und die Sprache sind andere, solchermaßen nicht eingeschlossene Aspekte. Die Philosophie darf deshalb nicht auf Erkenntnistheorie beschränkt oder auch nur vorrangig gestützt werden. Sie umfasst gleichberechtigt die Ontologie und die Sprachphilosophie sowie die Praktische Philosophie und die anderen erwähnten Subdisziplinen.

Im Übrigen stellt sich die Frage, warum nur die *Möglichkeit* oder die *Bedingung der Möglichkeit* der Erkenntnis und nicht auch direkt ihre *Realität* und *Notwendigkeit* Gegenstand der Philosophie sein sollen. Schließlich ist auch die in dieser Richtung angezielte Fokussierung der Philosophie auf apriorische, also nichtempirische Erkenntnis rechtfertigungsbedürftig. Sie ist gerade selbst ein zentraler Gegenstand philosophischer Erörterungen. Wenn, wie in Kapitel III. 7 angenommen wurde, das eigentümliche Ziel der Philosophie selbst nicht absolut, sondern nur relativ zu anderen Formen der Erkenntnis unterscheidbar ist, so ist nicht zu begründen, dass das Philosophieren von vornherein die rechtfertigungsbedürftige a priori/a posteriori-Unterscheidung zugrunde legen soll.

(5) Für den *Existentialismus* soll *die Existenz des Menschen seiner Essenz vorhergehen*, oder anders ausgedrückt: das Dasein dem Sosein (der Wesenheit) des Menschen. Der Mensch ist danach nicht von vornherein festgelegt, sondern wird erst zu dem, wozu er sich kraft seiner freien Entscheidung macht. Der *Existentialismus* hat sich in eine theistische Variante bei Sören Kierkegaard und Karl Jaspers und eine nicht-theistische Variante bei Martin Heidegger, Jean-Paul Sartre und Albert Camus verzweigt.

Unabhängig von der Frage nach der Berechtigung der sachlichen Annahmen des Existentialismus wird deutlich, dass er eine Anthropologie zum Kern der Philosophie erhebt. Es geht um die Stellung des Menschen in der Welt sowie um seine Haltung zum Dasein und in der Folge dann auch um Fragen nach dem richtigen menschlichen Leben und Handeln, also um Fragen, welche in der praktischen Philosophie erörtert werden. Diese Gegenstände sind wichtig. Aber sie zum Ausgangspunkt aller anderen philosophischen Untersuchungen zu machen, bedeutet doch ohne Zweifel bereits von vornherein eine Einschränkung der umfassenden philosophischen Perspektive.

(6) Die *Analytische Philosophie* hat in Anlehnung an ihren Nestor Gottlob Frege die *Analyse der Sprache* zur zentralen Methode der Philosophie erhoben. Dabei war die Sprachanalyse von Anfang an eng mit der formalen Logik, der Wissenschaftstheorie und dann nach Frege auch einer empiristischen Erkenntnistheorie verbunden. Bei der Analyse der Sprache rivalisierten bald eine idealsprachlich-logische (Bertrand Russell, Rudolf Carnap, früher Wittgenstein, William V. O. Quine) und eine normalsprachlich-pragmatische Variante (George E. Moore, später Wittgenstein, Gilbert Ryle, John Austin, John Searle).

Die Methode der Sprachanalyse wird mittlerweile allerdings von den meisten ihrer Vertreter nicht mehr als notwendiges Element der Analytischen Philosophie angesehen. Es besteht jedoch keine Einigkeit darüber, was dann noch eigentümlich für die Analytische Philosophie gegenüber der Philosophie im Allgemeinen sein soll. Manche verweisen auf die *spezifische Methode der Gründerväter.* Aber deren Vorgehen ist abgesehen von der Sprachanalyse so unterschiedlich, dass dieser Verweis kaum zu einer rational einsehbaren und praktisch relevanten Bestimmung der Methode führen kann. Andere wollen die *Verwendung der formalen Logik* oder die *Nähe zu den Einzelwissenschaften* zur notwendigen Bedingung erheben. Aber beides trifft für zwei anerkannte Gründerväter der Analytischen Philosophie, Moore und den späten Wittgenstein, nicht oder nur bedingt zu. Im Übrigen bedürfen die formale Logik und die Einzelwissenschaften ihrerseits der philosophischen Analyse und können deshalb die Methode der Philosophie nicht autoritativ bestimmen, sondern bei der Lösung bestimmter philosophischer Fragen allenfalls punktuell ergänzen. Wieder andere fordern die *möglichst große Differenziertheit, Vollständigkeit, Begründetheit, Präzision usw. des Vorgehens.* Sofern damit auf die oben bereits genannten acht Gütekriterien aller Suche nach Erkenntnis verwiesen wird, verdient dies Zustimmung. Es kann aber kaum für die Abgrenzung einer eigenständigen Strömung zur allgemeinen Philosophie taugen. Denn dann waren auch Aristoteles, Thomas v. Aquin, Descartes, Hobbes, Leibniz, Kant, Hume und viele andere, ja beinahe alle großen Denker der Philosophiegeschichte Analytische Philosophen. Es handelt sich also nicht um spezifische Eigenschaften einer bestimmten Strömung der Philosophie, sondern um die allgemeinen Qualitätsmerkmale jeder Suche nach Erkenntnis und damit auch jeder guten Philosophie. Man sollte dann besser von Philosophie sprechen, welche diese Qualitätsmerkmale mehr oder weniger erfüllt, als mit ihrer Hilfe eine klassifikatorische Trennwand gegenüber anderen Strömungen der Philosophie zu errichten. Die Bezeichnung als »analytisch« erscheint auch deshalb wenig glücklich, weil sie nur eines dieser acht Kriterien guten Philosophierens herausstellt. Das wissenschaftsorientierte Ethos der Analytischen Philosophie hat allerdings in vielen ihren Untersuchungen zu einer stärkeren Beachtung der meisten dieser Qualitätsmerkmale beigetragen, jedoch nicht immer ohne den Gefahren des szientifischen Reduktionismus entgangen zu sein.

XI. Philosophie als Wissenschaft, Weltanschauung, Lebenslehre

1. Ist die Philosophie eine Wissenschaft? Das kommt darauf an, was man unter dem Begriff *Wissenschaft* versteht. Versteht man darunter eine Form der Suche nach Erkenntnis, welche wie die Einzelwissenschaften den oben erwähnten *acht Qualitätsidealen* der Unterscheidung, Ordnung, Vollständigkeit, Begründetheit, Widerspruchsfreiheit, Exaktheit, Einfachheit und Fruchtbarkeit mehr oder minder genügt oder wenigstens grundsätzlich genügen kann, *so ist die Philosophie ohne Zweifel eine Wissenschaft*, denn es ist kein prinzipieller Grund erkennbar, weshalb sie diese Erfordernisse nicht erfüllen könnte.

Fügt man dagegen zum Zweck eines engeren Wissenschaftsbegriffs drei Eigentümlichkeiten vieler Einzelwissenschaften hinzu: nämlich die strikte Begrenzung des Erkenntnisziels auf einen *abgesonderten Gegenstand* (die Materie, das Leben, die Gesellschaft, die Sprache, das Recht usw.), die Forderung des *direkten empirischen Bezugs auf einzelne Dinge und Tatsachen* sowie die Ausprägung einer *eigenständigen Methode*, dann ist die Philosophie jedenfalls wegen der Nichterfüllung der ersten beiden Merkmale keine Wissenschaft. Aber dann ist auch die Mathematik mangels direkten empirischen Bezugs auf einzelne Dinge und Tatsachen keine Wissenschaft und wohl – es gibt allerdings andere Auffassungen – auch nicht die Rechtswissenschaft. Warum sollte man diese Eigentümlichkeiten mancher Einzelwissenschaften aber für den allgemeinen Wissenschaftsbegriff voraussetzen? Zur klaren Abgrenzung genügt es, entweder von den »Einzelwissenschaften« zu sprechen. Die Mathematik ist dann eingeschlossen. Oder man verwendet den Ausdruck »empirische Einzelwissenschaften«. Die Mathematik, die Rechtswissenschaft usw. sind dann ausgeschlossen. Eine spezifische Methode der Philosophie kann man zum einen in ihrer Methodenoffenheit und zum anderen in ihrem entwickelten und reflektierten Weg der Begriffsanalyse sehen.

Hinter diesem Versuch einer weiteren Einschränkung des Wissenschaftsbegriffs steht das leicht erkennbare Bemühen mancher empirischer Wissenschaften, nur ihre eigene, hauptsächlich empirische oder empirisch verstandene Methode als zulässige Art und Weise der Gewinnung wissenschaftlicher Erkenntnis gelten zu lassen. Dieses Bemühen stößt aber auf zwei grundsätzliche Hindernisse: Erstens ist man sich einig, dass die Mathematik sowohl eine Wissenschaft als auch nichtempirisch ist. Zweitens haben – wie die neuere Wissenschaftstheorie gezeigt hat – auch die empirischen Wissenschaften erhebliche theoretische Anteile. Eine klassifikatorische Differenzierung muss also mit einer graduellen Unterscheidung begründet werden, die wohl kaum eine klare Grenze zulässt. Die abstraktesten mathematischen Modelle der Physik sind etwa viel weniger empirisch als konkrete philosophische Untersuchungen der angewandten Ethik.

2. Die Philosophie umgrenzt als *Rahmen aller immanenten Suche nach Erkenntnis* auch alle nichtwissenschaftlichen Formen der Suche nach Erkenntnis: die Wahrnehmungen des Alltags sowie die praktischen Fähigkeiten des Handwerks, der Technik und der Künste. Sie ist deshalb eine umfassende Erkenntnis der immanenten Welt und insofern auch *eine Art Weltanschauung.* Allerdings nach dem westlichen Verständnis nur eine *beschränkte, immanente.* Sie kann uns nur eine begrenzte, diesseitige Perspektive der Welt liefern. Sofern man in den Begriff der Weltanschauung allerdings auch transzendente Möglichkeiten der Erkenntnis einschließt, ihn also in Konkurrenz zum Begriff der Religion um eine transzendente Welterklärung bringt, ist die Philosophie in ihrem oben im Kapitel IV. entwickelten westlichen Begriff *keine Weltanschauung.*

3. Weil die Philosophie umfassend ist, enthält sie im Rahmen der Praktischen Philosophie auch Rechtfertigungen von Wertungen und Normen. Sie ist darum auch abstrakte und immanent fundierte *Lebenslehre.* Sie versucht zu unseren praktischen Lebensmaximen Stellung zu nehmen. Dabei ist sie in doppelter Weise beschränkt:

Zum einen müssen – sofern man den engeren westlichen Philosophiebegriff zu Grunde legt – alle religiösen Aspekte einer Lebenslehre, die sich aus einer transzendenten Perspektive ergeben, außer Betracht bleiben – wiewohl sich die Stellungnahmen aus beiden Perspektiven für den einzelnen Handelnden nicht widersprechen dürfen, sonst kann durch keine der beiden Perspektiven eine rationale Handlungslenkung erfolgen.

Zum anderen kann die Bezugnahme auf konkrete Konflikte immer nur beispielhaft oder im Wege der Abstraktion erfolgen. Der tatsächliche, konkrete Einsatz der abwägenden Urteilskraft zur Lösung derartiger einzelner Konflikte kann nicht mehr Aufgabe der Philosophie sein. Sonst würde die Philosophie zur Moral, zum Recht oder einer anderen primären Normordnung. Sie würde damit ihren Rahmencharakter als umfassende Suche nach Erkenntnis aufgeben.

Beachtet man diese beiden prinzipiellen Einschränkungen, so kann die Philosophie alle Normen, Regeln und Wertungen der Moral, der Konventionen, des Rechts, der Politik, der Religion, der Technik, der Medizin, des guten Lebens usw. untersuchen. Sie hat das seit ihren Anfängen auch immer getan. Man denke an Sokrates' Erörterung der Fragen des Lebenssinns und des Todes im *Phaidon*, an Marc Aurels stoische *Selbstbetrachtungen*, an Kants Moralphilosophie und Tugendlehre. Die angewandte Ethik hat seit etwa dreißig Jahren einen Aufschwung erlebt und neue Subdisziplinen gebildet: die Bioethik, die ökologische Ethik, die politische Ethik, die Rechtsethik, die Wirtschaftsethik, die Medienethik. Aber auch die Philosophie des guten Lebens findet wieder Resonanz, etwa in Schriften zur Selbstverständigung des Menschen als Person, zur Lebensklugheit und Lebenskunst.

4. Fragt man nach den *wissenschaftspraktischen und gesellschaftlichen Funktionen der Philosophie*, so ergeben sich aus der Umfassendheit ihrer Perspektive und der Abstraktheit ihres Gegenstands wenigstens drei: Sie ist *Mutterwissenschaft bzw. Residualwissenschaft* insofern, als sie immer noch neue Einzelwissenschaften gebären kann und Probleme behandelt, die in den anderen Wissenschaften keine Heimstatt finden. Sie ist *Integrationswissenschaft*, weil sie die einzelnen disziplinären Perspektiven der anderen Wissenschaften wieder zusammenführt, etwa indem sie deren interdisziplinäre Kooperation fördert. Und sie ist *Ori-*

entierungswissenschaft, weil sie auf gesellschaftliche Grundfragen Antworten geben kann und soll, insbesondere in der angewandten Ethik.

5. Liegt das Ziel der Philosophie in der Suche nach einer umfassenden Perspektive auf alle Strukturen, so schließt diese Suche den Blick auf *die gegenwärtige gesellschaftliche Situation ein*, und zwar *beschreibend* wie *bewertend*. Insofern hat die Philosophie auch eine *gesellschaftskritische Dimension*. Allerdings ist die bloße einzelwissenschaftliche Beschreibung der momentanen Lage einzelner Gesellschaften nicht genuine Aufgabe der Philosophie. Dafür sind die entsprechenden Einzelwissenschaften, vor allem die Sozialwissenschaften zuständig. Die Philosophie muss aber in ihrer Suche nach umfassender Einsicht klar von den Sozialwissenschaften unterschieden bleiben. Die Philosophie bezieht die Erkenntnisse der Sozialwissenschaften ein. Sie verknüpft diese sozialwissenschaftlichen Erkenntnisse aber mit Erkenntnissen aus anderen Bereichen und ihrer eigenen umfassenden Sicht der Welt. Sie erweitert die Perspektive also in räumlicher, zeitlicher, sachlicher und normativer Hinsicht. Sie sucht etwa nach einem umfassenden Menschenbild jenseits der Qualifikation des Menschen als Gesellschaftswesen. Dabei sind die theoretische und die praktische Betrachtung klar zu trennen. Die theoretische Betrachtung verbindet die sozialwissenschaftlichen Erkenntnisse mit solchen der Theoretischen Philosophie, also der Ontologie, Erkenntnistheorie und Sprachphilosophie, etwa im Rahmen einer Analyse verschiedener Formen des Handelns in einer Gesellschaft. Die praktische Betrachtung stellt dann die Frage, welches Handeln in einer und für eine Gesellschaft zu rechtfertigen ist.

Hegel hat, soweit ersichtlich, als Erster die These vertreten, die Philosophie sei »ihre Zeit in Gedanken erfaßt«. Diese These ist nur unter Berücksichtigung der ontologischen und geschichtsphilosophischen Annahmen Hegels über einen notwendigen Entwicklungsgang des Geistes verständlich. Sie bezieht sich also nicht nur auf die Gegenwart, sondern vor allem auf die gesamte Entwicklung des Denkens. Die Philosophie soll die Selbstbewusstwerdung des Geistes in der historischen Notwendigkeit dieses Prozesses nachzeichnen.

Die These ruht somit auf sehr starken und spezifischen ontologischen und geschichtsphilosophischen Voraussetzungen. Deren Grundproblem liegt kurz gesagt darin, dass die Kategorie der Entwicklung und damit unweigerlich auch die der Zeit, auch wenn Hegel dies bestreiten würde, zur alles überragenden Kategorie erhoben wird. Zwischen weitgehend entwicklungsgebundenen und damit zeitlichen Phänomenen und relativ wenig entwicklungsgebundenen und damit überzeitlichen Begriffen wie Identität oder Differenz lässt sich dann nicht mehr gut begründet unterscheiden. Teilt man Hegels starke ontologische Annahme einer notwendigen Entwicklung des Geistes nicht, so verliert die These von der Aufgabe der Philosophie als Fassung ihrer Zeit in Gedanken ihre Grundlage. Ein offenes und umfassendes Philosophieren wird diese These deshalb nicht von vornherein zur allgemeinen methodischen Voraussetzung ihres Denkens wählen können.

Es gibt mittlerweile auch trivialisierte materialistische Versionen der Hegelschen These. Sie verbinden die Philosophie mit den Sozialwissenschaften und wollen sie so auf Sozialphilosophie bzw. Sozialtheorie reduzieren. Der Philosophie soll dann die vorrangige oder gar ausschließliche Aufgabe zukommen, das gegenwärtige gesellschaftliche Bewusstsein zu analysieren, zu artikulieren und zu kritisieren. Die Philosophie würde – sollte sie sich auf diese Vorschläge einlassen – auf eine Zeitdiagnose der gegenwärtigen Gesellschaft beschränkt. Dies verengt die Suche der Philosophie nach umfassender Einsicht.

XII. Philosophische Mystizismen, Ersatzphilosophie, Medienbewertung

Bis zum 19. Jahrhundert war die Philosophie als gleichberechtigtes Mitglied im Kreis der Wissenschaften anerkannt. Ihre hypertrophe Selbst- und Fremdinfragestellung hat dann im 19. und 20. Jahrhundert zu bestimmten negativen Entwicklungen geführt, von denen drei zum Zweck der Selbstreflexion genannt seien: Zum Ersten zeigen selbst manche ihrer wichtigsten Vertreter Ansätze zur *Mystifizierung*. Zum Zweiten sind *einzelwissenschaftliche Ersatzphilosophien* entstanden. Zum Dritten hat sich eine *Medien-* und damit *Fremdbewertung* der Philosophie mit einem fragwürdigen Anspruch auf Dominanz entwickelt.

1. Wer die Werke zweier der wichtigsten Philosophen im 20. Jahrhundert, Heidegger und Wittgenstein, liest, wird bei aller Originalität und Bedeutsamkeit ihrer Fragen und jenseits didaktisch gelegentlich sinnvoller Bilder und Metaphern auf einzelne zweifelhafte *Mystizismen* stoßen. Derartige Mystizismen sind Behauptungen, die nicht mehr auf immanente sinnliche Wahrnehmung und Vernunft bezogen werden. Mit ihnen wird also die in Jahrhunderten mühsam befestigte Unterscheidung der Philosophie von einer transzendenten Perspektive und damit von Religion und Theologie überschritten. So schreibt etwa Wittgenstein in seiner *Logisch-philosophischen Abhandlung*, eingebettet in philosophische Überlegungen: »6.45 ... Das Gefühl der Welt als begrenztes Ganzes ist das mystische. [...] 6.522 Es gibt allerdings Unaussprechliches. Dies *zeigt* sich, es ist das Mystische.« Und an anderer Stelle heißt es: »6.41 Der Sinn der Welt muß außerhalb ihrer liegen.« Und bei Heidegger findet sich in *Sein und Zeit* etwa folgender Satz: »Wir müssen in der Tat ontologisch grundsätzlich die vorrangige Entdeckung der Welt der ›bloßen Stimmung‹ überlassen.«

Das Problematische solcher mystischen oder zumindest mystisch interpretierbaren Thesen liegt nicht in ihnen selbst. Innerhalb von Religion und Theologie sind sie vollkommen einsichtig und berechtigt. Das Problematische liegt vielmehr in der Überschreitung der klaren Unterscheidung zwischen immanenter und transzendenter Perspektive innerhalb einer einzigen philosophischen Untersuchung.

2. Die Infragestellung und Schwächung der Philosophie im 19. und 20. Jahrhundert hat ein *Vakuum der philosophischen Perspektive auf die allgemeine Struktur der Welt entstehen lassen.* Dieses Vakuum konnten einzelwissenschaftliche Theorien, die in ihrem eigenen Bereich erfolgreich waren, nutzen. Es handelt sich um Theorien, die zwar einzelwissenschaftlich beschränkt bleiben, also keine ernsthafte philosophische, das heißt umfassende Perspektive einnehmen, die aber ausdrücklich oder wenigstens stillschweigend einen relativ weitgehenden Anspruch auf Erklärung der Welt erheben. Sie hypostasieren sich zu *Ersatzphilosophien,* indem sie die einzelwissenschaftliche Perspektive überschreiten, aber die umfassende Perspektive der Philosophie nicht erreichen. Das Ergebnis sind einzelwissenschaftliche Theorien, die als solche überzeugend sein können, bei denen aber in philosophischer Hinsicht Anspruch und Durchführung in einen grundsätzlichen Widerspruch geraten.

Manche Vertreter der Einzelwissenschaften greifen bei abstrakteren Fragen ihres Gebiets zu derartigen Ersatzphilosophien. Dies geschieht aus unterschiedlichen Motiven: Zum Ersten ist ihnen die jeweils zugrunde liegende Einzelwissenschaft vertraut. Zum Zweiten empfinden sie grundsätzlich Misstrauen und Skepsis gegenüber der Philosophie. Zum Dritten haben sie Scheu vor weitergehenden philosophischen Abstraktionen. Zum Vierten fehlt ihnen die Gelegenheit oder Bereitschaft, sich mit der Philosophie eingehender zu beschäftigen.

Als Beispiele für derartige Ersatzphilosophien ist im 19. Jahrhundert die physikalisch-biologische Welterklärung durch Ernst Haeckel in seinem Buch *Die Welträtsel* zu erwähnen. Im 20. Jahrhundert hat etwa Niklas Luhmann versucht, eine soziologische Analyse der Gesellschaft, die als einzelwissenschaftliche in mancher Hinsicht interessant und erkenntnisfördernd ist, zu einer gesellschaftstheoretischen Ersatzphilosophie zu erweitern. Dies geschieht unter anderem durch ein sehr umfassendes und formales Verständnis der

Gesellschaft als Kommunikation und durch den Einsatz des hoch-abstrakten und damit philosophischen Begriffs des Systems zur Erklärung dieser als Kommunikation verstandenen Gesellschaft. Das Ergebnis ist eine Art umfassende Wirklichkeitserklärung, die Luhmann selbst als »Grundriß einer allgemeinen Theorie« (Untertitel zu *Soziale Systeme*) bezeichnet hat.

Man fragt sich allerdings: wovon? Die Luhmannsche Theorie bleibt als Philosophieersatz in vieler Hinsicht beschränkt und naiv. So werden fundamentale Behauptungen über die Welt erhoben, aber weder ontologisch noch erkenntnistheoretisch oder sprachphilosophisch reflektiert, analysiert und begründet. Es heißt etwa an einer Stelle in schlichter Offenheit: »Die folgenden Überlegungen gehen davon aus, daß es Systeme gibt. Sie beginnen also nicht mit einem erkenntnistheoretischen Zweifel.« Die Reduktion der Erkenntnistheorie auf eine Reflexionstheorie des Wissenschaftssystems lässt dann auch keine weiteren erkenntnistheoretisch-philosophischen Zweifel gegenüber der Grundkonzeption mehr aufkommen. So kann man sich sein Bild der Welt einfach machen.

3. Moderne Gesellschaften sind durch eine *zunehmende Verselbständigung ihrer Teilbereiche gekennzeichnet*: der Religion, der Politik, der Wirtschaft, des Rechts, der Wissenschaft, der Medien. Diese Verselbständigung führt zu einer immer stärkeren Selbstbezogenheit dieser Lebenszusammenhänge. Sie sind in der Folge immer weniger bereit, externe Bewertungen aufzunehmen.

Die Medien versuchen etwa, eigene Maßstäbe der Beurteilung zu entwickeln und zu verbreiten – nicht zuletzt, um sich auf diese Weise ihrer Eigenständigkeit zu versichern. Im politischen Journalismus ist das unabdingbar. Im Wissenschaftsjournalismus kann es bezüglich der Naturwissenschaften und der Mathematik kaum gelingen. Die empirische Basis und die Geschlossenheit sowie formale Rigidität dieser Wissenschaften stehen dem entgegen. Je weniger die jeweiligen Wissenschaften sich aber durch derartige eigentümliche Methoden und daran anknüpfend interne Qualitätsmerkmale abgrenzen und entsprechend selbst beurteilen können, desto leichter fällt es den Medien, eigene, nicht wissenschaftlich fundierte Qualitätsurteile auszusprechen und durchzusetzen.

Wegen der methodischen Offenheit und Vielfalt der Philosophie können diese externen Bewertungen der Medien ihr gegenüber besonders durchschlagskräftig werden. Das kann positive wie negative Folgen haben. Externe Bewertungen können in bestimmten Situationen ein unbewegliches und abgeschlossenes akademisches System in Frage stellen. Man erinnere sich, dass im 17. Jahrhundert keiner der innovativen Denker wie Descartes, Hobbes, Locke, Spinoza und Leibniz an einer der scholastischen und in Deutschland landesherrlich geknebelten Universitäten unterrichten wollte. Externe Bewertungen bieten also die Chance einer Kritik, um die Veränderungsfähigkeit, Offenheit und Selbstreflexion der Philosophie zu erneuern.

Externe Bewertungen können aber auch pseudophilosophische »Stars« kreieren, die in einer qualitätsorientierten Philosophie wenig Anerkennung verdienen. Jeder, der sich mit derartigen medienerzeugten Philosophen und deren Thesen beschäftigt, tut gut daran, sich diesen klaren Unterschied der Qualitätsurteile vor Augen zu führen. Insbesondere sollte man bedenken, dass in einer langfristigen Perspektive erfahrungsgemäß ausschließlich diejenigen Philosophen und Theorien bedeutsam und wichtig bleiben, welche die Qualitätserfordernisse der allgemeinen und damit auch wissenschaftlichen Suche nach Erkenntnis wenigstens bis zu einem gewissen Grade erfüllen.

XIII. Philosophie studieren

Die *Vielfalt philosophischer Fragen*, Formen, Werke und Epochen
überrascht. Sie beunruhigt aber auch. Diese Beunruhigung kann
sich jedoch rasch in Befreiung verwandeln, sobald man erkennt,
welche *Weitung des Blicks* diese Vielfalt ermöglicht. Die Philosophie
unternimmt es, die einzelnen Gebiete unserer Erkenntnis, etwa
die Gebiete der Mathematik, der Physik oder Sozialwissenschaft
zu überschreiten. Sie versucht, zeitliche, räumliche und kulturelle
Bedingungen und Beschränkungen soweit irgend möglich hinter
sich zu lassen. Zu philosophieren kann in dieser Form wie jede Art
des geistigen und kulturellen Lebens in hohem Grade beglücken.
Wie so oft ist dieses hohe Glück aber nicht ganz einfach zu erlan-
gen. Wer Philosophie studieren will – sei dies im Selbststudium,
an der Universität oder in der Erwachsenenbildung – sollte sich
zunächst einige Bedingungen vor Augen führen, um den jeweils
für sich selbst besten Weg einzuschlagen:

1. Das Denken der Menschen ist von Natur aus *durch die sinnliche
Anschauung geprägt*, also *konkret*. Man führe sich die Unmittelbar-
keit und Konkretheit der Sprache und der Begriffe der Boulevard-
blätter vor Augen. Das Wort »abstrakt« wird im Alltag nicht ohne
Grund regelmäßig mit einer negativen Wertung verbunden. Bereits
das Studium einer Einzelwissenschaft verlangt eine gewisse Bewäl-
tigung der Nichtsinnlichkeit, das heißt Abstraktheit bzw. Allgemeinheit des Gegenstands. In der Philosophie steigert sich diese
Nichtsinnlichkeit bzw. Allgemeinheit wegen des eigentümlichen
Charakters ihres Gegenstands und der Umfassendheit ihrer Perspektive. Das nichtsinnliche, allgemeine Denken der Philosophie
bedarf der Übung und Gewöhnung. Es ist zunächst trocken und
anstrengend. Es erfordert geistiges Training wie das körperliche
Training beim Sport. Erst allmählich wird man mit dieser Art des
Denkens vertraut und schätzt die mit seiner Hilfe gewonnenen
Einsichten. Die Philosophie wird deshalb für viele erst mit zuneh-

mender geistiger Reife interessant. In keinem anderen Fach finden sich so viele Studierende, die bereits ein anderes Studium absolviert haben und sich erst danach die umfassendere Perspektive der Philosophie erschließen wollen. Der nicht selten erteilte Rat, sich erst einmal oder zumindest gleichzeitig gründlich in eine Einzelwissenschaft einzuarbeiten, um das eigene Denken langsam und stetig weiterzuentwickeln, das heißt allgemeineren Gegenständen zu öffnen, ist also wohlbegründet – zumindest sofern man in der Lage ist, das einzelwissenschaftliche Denken dann auch zu überschreiten.

Damit soll nicht geleugnet werden, dass viele Menschen schon in einem frühen Stadium des Lebens, ja schon als Kinder philosophische Fragen nach dem Woher und Wohin ihrer selbst und der Welt stellen. Es ist auch sehr wichtig, diese frühe Suche nach umfassender philosophischer Einsicht mit allen Kräften zu unterstützen. Aber zwischen dem Stellen von Fragen und der Eigenständigkeit einer Erörterung von Antworten liegt in der Philosophie – realistisch betrachtet – eine nicht unerhebliche Zeitspanne.

2. Die Eigentümlichkeit der Philosophie als Suche nach umfassender Einsicht hat dazu geführt, dass praktisch alle Philosophen und philosophische Strömungen umfassende Entwürfe vorgelegt haben. Diese umfassenden Entwürfe haben je nach der im Kapitel IV. 4 beschriebenen Grundhaltung gegenüber der Philosophie *unterschiedliche äußere Formen* angenommen. Im Falle einer *bejahend-entfaltenden* Grundhaltung gegenüber der Philosophie sind sie regelmäßig in umfangreiche, fein gegliederte Systeme gemündet, wie etwa Platons *Politeia*, Aristoteles' *Metaphysik*, Thomas v. Aquins *Summa Theologiae*, Hegels *Phänomenologie des Geistes* oder Heideggers *Sein und Zeit*; im Falle einer *analytisch-kritischen* Grundhaltung häufig in größere Analysen und Kritiken, wie etwa Kants *Kritik der reinen Vernunft*; und im Falle einer *fundamentalen Skepsis* gegenüber der Philosophie nicht selten in fragmentarisch formulierte Infragestellungen, wie etwa Wittgensteins *Philosophische Untersuchungen*.

Für keinen Studierenden ist es ganz einfach, in die vielfältig verknüpfte Begrifflichkeit und umfassende Gedankenwelt dieser philosophischen Entwürfe einzudringen. Beinahe alles hängt von allem ab. Man kann sich nicht auf einzelne Teile oder Themen beschränken, will man nicht lediglich einen verzerrten Eindruck gewinnen. Nur langsam beginnt man zu verstehen. Das gilt auch und vor allem für neuere Untersuchungen, die häufig die bisherige Gedankenentwicklung voraussetzen. Die Frühdialoge Platons sind deshalb trotz der zeitlichen und kulturellen Entfernung zugänglicher als manches zeitgenössische Werk der Philosophie.

Das Verständnis auch nur eines dieser Entwürfe kann Wochen oder sogar Monate in Anspruch nehmen. Diesen Prozess durch das bloße Lesen von Einführungen oder Zusammenfassungen abkürzen zu wollen, ist vergeblich. Nur die Originallektüre kann über die Güte der Gedanken und Begründungen belehren. Und nur wer das Original studiert, kann die Fähigkeit erwerben, sich auf einer vergleichbaren Qualitätsstufe mit dem Autor auseinanderzusetzen. Erst, wenn man in eine kritische und zunehmend eigenständige Auseinandersetzung mit den besten Denkern und Denkrichtungen der Philosophie eintreten kann, erreicht das Philosophieren ein gewisses Maß an Qualität. Deshalb sollte man auch sofort die großen Texte der herausragenden Philosophen im Original lesen und möglichst wenig Zeit mit Sekundärdarstellungen und Einführungen verbringen.

3. Hat man die Werke eines Denkers oder einer Denkrichtung ausgiebig studiert, *droht eine Gefahr.* So mühevoll die umfassende Bekanntschaft mit einer dieser Gedankenwelten ist, so schwierig ist es, dieser Gedankenwelt und insbesondere ihrer speziellen Sprache nicht nur einfach zu folgen, sondern sie einer eigenständigen Kritik zu unterziehen und dann auch – zumindest im Hinblick auf die in Zweifel gezogenen Aspekte, Thesen, Methoden und Ausdrucksformen – *wieder zu verlassen.* Manche versuchen genauso wie Hegel, Nietzsche, Heidegger, oder Wittgenstein zu sprechen, zu schreiben oder zu denken. Aber es fällt ihnen schwer, die Gedankenwelt und die Sprache ihres Favoriten kritisch zu bewerten. Sie werden dann zu Epigonen. Sie agieren wie Schauspieler, die eine Rolle spielen. In Extremfällen kann das so weit gehen, dass sie weniger selbständig denken als vor Beginn ihres Studiums der Philosophie. Dann hat diese Art des Philosophierens ihnen in der Entwicklung einer eigenständigen geistigen Persönlichkeit mehr geschadet als genutzt.

Denn wenn die Philosophie als Ganzes auch der Reflexion ihres eigenen Tuns dienen soll, so wird man dies ebenfalls für jeden einzelnen Philosophierenden erwarten können. Das oberste persönliche Ziel des einzelnen Philosophierenden sollte also sein, *die Eigenständigkeit seines Denkens und seiner Kritik zu entwickeln.*

Um das Epigonentum zu vermeiden, sollte man sich – auch und gerade wenn man sich einer Denkrichtung verbunden fühlt – regelmäßig wieder für ganz andere Autoren, Traditionen und Strömungen der Philosophie öffnen – und sei dies nur für den kurzen Zeitraum einer Kontrasterfahrung. Die Neugier auf anderes als das bisher Bekannte darf niemals aufhören.

Und was noch wichtiger ist: Man sollte immer an den eigenen sachlichen Fragen, die einen zur Philosophie motiviert haben, festhalten. Niemand beginnt mit der Philosophie, um sich bloß einer Strömung oder Schule anzuschließen oder die Werke der Klassiker anzueignen. Man *staunt* vielmehr über die Welt, verspürt eine *Sehnsucht nach der Öffnung des geistigen Horizonts* und sucht deshalb nach umfassender Einsicht. Die Werke und Systeme der Denker und Strömungen der Philosophie sind ein notwendiges Mittel, um die Sachfragen der Philosophie auf einem hohen Niveau reflektieren und sich mit den avanciertesten Versuchen einer Antwort vertraut machen zu können. Ihre Lektüre ist aber kein Selbstzweck.

Die drei erwähnten Haltungen gegenüber der Philosophie, die bejahende Entfaltung, die Analyse und Kritik und die Skepsis, tragen jede für sich ein notwendiges Element zur umfassenden Perspektive der Philosophie bei. Es ist deshalb wünschenswert, alle diese Haltungen in das philosophische Denken zu integrieren. Auf einer abstrakteren Ebene wäre diese Integration dann wieder eine Art bejahender Entfaltung – allerdings eine sehr viel allgemeinere.

4. Das Philosophieren des Einzelnen findet nicht isoliert statt, sondern in der näheren und weiteren Umgebung des Denkens und Gesprächs. Es wird durch diese Umgebung beeinflusst. Die umfassende Suche der Philosophie nach Einsicht ist dagegen als *philosophia perennis*, als immerwährendes Denken, kein bloßer Ausdruck der Umgebung. Sie ist nicht an eine bestimmte Zeit, ei-

nen bestimmten Raum oder eine bestimmte Kultur gebunden. Sie dient, wie bereits Aristoteles betont hat, als solche keinen Zwecken der Nützlichkeit, sondern ist frei.

Zwischen diesen beiden gegenläufigen Extrembestimmungen muss jeder Philosophierende sein eigenes Denken entwickeln. Zur Sicherung der Selbständigkeit und Selbstreflexion erscheint es besonders wichtig, sich der in der eigenen Zeit vorherrschenden Geistesmächte, Überzeugungen, Entwicklungen und Moden bewusst zu werden.

Die gegenwärtige Zeit erscheint etwa durch folgende *Überzeugungen* und *Entwicklungen* geprägt: eine Dominanz der Werte und Lebensformen der westlichen Welt (*Verwestlichung*), eine besondere Hochschätzung des Ökonomischen und Materiellen, insbesondere im Westen (*Ökonomismus, Materialismus*), eine Abkehr von traditionellen Werten und Lebensformen (*Modernismus*), eine Herauslösung des Menschen aus Gruppen und Gemeinschaften wie der Familie, der Dorf- und Stadtgemeinschaft sowie dem Nationalstaat (*Individualismus*), eine Betonung des Konkreten und Problemlösenden (*Konkretismus, Pragmatismus*), eine besondere Wichtigkeit der Gegenwart (*Präsentismus*), eine immer stärkere Beschleunigung aller Lebensvorgänge (*Akzeleration*), eine große Gläubigkeit gegenüber der Wissenschaft, insbesondere den Einzelwissenschaften und dort den Naturwissenschaften bei gleichzeitiger Skepsis gegenüber den Geisteswissenschaften (*Szientismus*), eine große Macht der Medien und deren vielfältigen Versuche, auf alle anderen Bereiche des Lebens und der Gesellschaft Einfluss zu nehmen (*Mediokratie*).

Jede dieser Entwicklungen hat positive wie negative Folgen. Für die Philosophie führen einige zu den negativen Folgen einer gewissen generellen Geistfeindlichkeit, eines zunehmenden Antiintellektualismus und eines Verlustes der früheren bildungsorientierten Kultur. Geisteswissenschaftler und Philosophen werden mittlerweile vielfach als weltfremd, versponnen und lebensuntauglich belächelt. Die Öffentlichkeit wird durch die Macher, Mediatoren und Vermarkter beherrscht. Als »Weise« werden nicht mehr Philosophen, sondern Fachleute angesehen, etwa die sog. »Wirtschaftsweisen« und die Richter der Verfassungsgerichte, das heißt Ökonomen und Juristen. In den Ethikräten sitzen zumindest in Deutschland vor allem Interessenvertreter gesellschaftlicher Gruppen und Einzelwissenschaftler, jedoch nur wenige Fachphilosophen.

Ein weiterer Faktor, der unsere Zeit und damit auch die Wirklichkeit der gegenwärtigen Philosophie mit positiven wie negativen Folgen beeinflusst, ist die globale Vorherrschaft der Vereinigten Staaten von Amerika und der angelsächsischen Länder in vielen Bereichen: militärisch, ökonomisch, politisch, kulturell, wissenschaftlich usw. Auch die Philosophie bleibt davon nicht unberührt. Die gegenwärtig weltweit am meisten beachteten Philosophen kommen mit wenigen Ausnahmen aus den USA. Die größte Anzahl akademischer Philosophen arbeitet gegenwärtig dort. Dort erscheinen die angesehensten Zeitschriften. Die Art und Weise des dortigen Philosophierens wirkt heute auf viele stilbildend.

Es gibt eine Reihe allgemeiner Bedingungen, die dem Philosophieren in der Gegenwart förderlich sind, zumindest in der westlichen Welt: Meinungs- und Pressefreiheit, Demokratie, eine hohe Alphabetisierungsrate, eine breite Schulbildung, eine Vielzahl zum Teil sehr guter Universitäten, öffentlich geförderte Bibliotheken, eine effiziente Buchproduktion, viele Möglichkeiten des internationalen Austauschs, nicht zuletzt ein hoher Wohlstand, der einer großen Zahl von Menschen eine gewisse Zeit und Muße zum Philosophieren lässt oder zumindest lassen würde. Viele Bedingungen für das Philosophieren sind somit gegenwärtig günstig. Es kommt nur darauf an, sie fruchtbar werden zu lassen: persönlich wie politisch.

Anmerkungen

I. Einleitung

1. *Was ist Philosophie?* Programmatische Untersuchungen dazu: Günther Bien, Was ist Philosophie?, Stuttgart 1995; Jocelyne Couture/Kai Nielsen (Hg.), Méta-Philosophie: Reconstructing Philosophy? New Essays on Metaphilosophy, Calgary, Alberta 1993; Arthur C. Danto, Connections to the World. The Basic Concepts of Philosophy, Berkeley 1997; Rolf Elberfeld (Hg.), Was ist Philosophie? Programmatische Texte von Platon bis Derrida, Stuttgart 2006; Henri Lefébvre, Metaphilosophie (1965), Frankfurt a. M. 1975; Kurt Salumun (Hg.), Was ist Philosophie? Neuere Texte zu ihrem Selbstverständnis, 4. Aufl. Tübingen 2001; Bernhard H. F. Taureck, Philosophie und Metaphilosophie, 2., erw. Aufl. Cuxhaven 1998; Timothy Williamson, The Philosophy of Philosophy, Malden 2007. Vgl. auch die Zeitschrift »Metaphilosophy«.

2. *Geschichten der Philosophie:* z.B. Wolfgang Röd, Der Weg der Philosophie von den Anfängen bis ins 20. Jahrhundert, 2 Bde., München 2000; ders. (Hg.), Geschichte der Philosophie, 14 Bde., München 1976 ff., einzelne Bände in 2. Aufl.
   Sammlungen von Problemen: Bertrand Russell, The Problems of Philosophy, Dover 1999, dt.: Probleme der Philosophie, Frankfurt a. M. 1986; Thomas Nagel, What Does It All Mean? A Very Short Introduction to Philosophy, Oxford 1987, dt.: Was bedeutet das alles? Eine ganz kurze Einführung in die Philosophie, Stuttgart 1990.

II. Philosophie als Tätigkeit und Suche nach Erkenntnis

3. *Homer bezeichnete damit etwa das handwerkliche Geschick eines Zimmermanns:* Ilias XV, 411 f.
   Und bei Herodot meint »philosophein« nur den Wunsch, etwas herauszufinden: Historien I, 30. Vgl. zu dieser allgemeinen Bedeutung auch noch Platon, Charmides 153d3.
   Platon versucht dann vor allem den zweiten, gegenstandsorientierten Bedeutungteil des Wortes »philosophia« einzuschränken: Platon, Phaidros 278d, Apologie 21 ff., Theaitet 172c ff., Symposion 204a1 ff.; Aristoteles, Metaphysik 993b, 1026a f.

6. *weil sich ein solcher Gegenstand nicht aussprechen lässt:* Vgl. Ludwig Wittgenstein, Tractatus logico-philosophicus (1922), Werkausgabe Bd. 1, 10. Aufl. Frankfurt a. M. 1995, 6.5 ff.

Kampf gegen die Verhexung unseres Verstandes durch die Mittel der Sprache: Ludwig Wittgenstein, Philosophische Untersuchungen (1953), Werkausgabe Bd. 1, 10. Aufl. Frankfurt a. M. 1995, § 109: »Die Philosophie ist ein Kampf gegen die Verhexung unsres Verstandes durch die Mittel der Sprache.«

7. *Prinzipien*: Aristoteles, Metaphysik 982b1 ff.

Eine relativ anspruchslose gegenwärtige Auffassung hinsichtlich des Gegenstands der Philosophie will dagegen nur die allgemeinen Methode des Erkennnens ...: Vgl. etwa Jay Rosenberg, Philosophieren, 2. Aufl. Frankfurt a. M. 1989, S. 17: »Philosophie stellt man sich vielleicht am besten als eine durch ihre Methode, weniger durch ihren Gegenstand bestimmte Disziplin vor.«; Alf Ross, On Law and Justice, London 1958, S. 25: »It [Philosophy] is no theory at all, but a method. This method is logical analysis. Philosophy is the logic of science, and its subject the language of science.« Dieses Zitat zeigt die Unmöglichkeit, auf einen Gegenstand der Philosophie zu verzichten. In sich widersprüchlich behauptet Ross zunächst, die Philosophie sei nur eine Methode, um dann mit der Sprache der Wissenschaft doch einen Gegenstand vorzuschlagen.

III. Philosophie als Suche nach Einsicht in alle Strukturen

1. *Welt*: Vgl. Arthur Schopenhauer, Die Welt als Wille und Vorstellung (1819), Zürcher Ausgabe Bd. 1.1, Zürich 1977; Ludwig Wittgenstein, Tractatus logico-philsophicus: »1. Die Welt ist alles was der Fall ist«; Rudolf Carnap, Der logische Aufbau der Welt (1928), Hamburg 1998; Robert Spaemann, Der Streit der Philosophen, in: H. Lübbe (Hg.), Wozu Philosophie? Stellungnahmen eines Arbeitskreises, Berlin 1978, S. 96; mit reduziertem Anspruch immerhin auch noch Jürgen Habermas: Die Philosophie als Platzhalter und Interpret, in: Ders., Moralbewußtsein und kommunikatives Handeln, Frankfurt a. M. 1983, S. 24 ff., insbesondere S. 26. Selbst einer der Begründer des logischen Positivismus, Bertrand Russell, vertritt in Probleme der Philosophie, Frankfurt a. M. 1986, S. 139, die Auffassung, dass es Aufgabe der Philosophie ist, einen »unparteiischen Blick auf das Ganze« zu richten.

2. *Suche nach dem Äther*: z. B. René Descartes, Dioptrique, Les Météores, in: Ders., Discours de la méthode (1637), Œuvres 6, Paris 1982; Christiaan Huygens, Abhandlung über das Licht (1690), Thun 1996; Kenneth F. Schaffner, Nineteenth-Century Aether Theories, Oxford 1972. Zur Geschichte der Äthertheorie vgl. Edmund Taylor Whittaker, A History of the Theories of Aether and Electricity, 2 Bde., London 1953.

5. *Auf eine bestimmte Quelle der Erkenntnis aus, etwa auf die sinnliche Wahrnehmung oder die Vernunft*: Vgl. Kants »Zwei-Stämme-Lehre« der

Erkenntnis, z. B. Immanuel Kant, Kritik der reinen Vernunft (1781/1787), Hamburg 1998, B 29, B 74 f.

6. *Etwa in den Dialogen Phaidros und Symposion:* Platon, Phaidros 278d3–7 und Symposion 204b1–5.
Dass jemand, der etwas Metaphysisches sage, gewissen Zeichen in seinen Sätzen keine Bedeutung gegeben habe: Ludwig Wittgenstein, Tractatus logico-philosophicus, 6.53.

9. *Metaphilosophie:* Vgl. die Anmerkungen oben zur Einleitung, 1.
Philosophiephilosophie: z. B. Richard Raatzsch, Philosophiephilosophie, Stuttgart 2001.

IV. Philosophie, Religion, Wissenschaft

1. Zum Verhältnis von Religion und Philosophie vgl. Wolfhart Pannenberg, Philosophie, Religion, Offenbarung. Beiträge zur systematischen Theologie I, Göttingen 1999.
Etwa bereits durch Thomas v. Aquin: Summa Theologiae, I–I qu. 1, Resp.: »Respondeo dicendum quod necessarium fuit ad humanam salutem, esse doctrinam quandam secundum revelationem divinam, praeter philosophicas disciplinas, quae ratione humana investigantur. (Das Heil der Menschen verlang außer den philosophischen Wissenschaften, die im Bereich der menschlichen Vernunft bleiben, eine Lehre, die auf göttlicher Offenbarung beruht.). … Necessarium igitur fuit etiam praeter philosophicas disciplinas, quae per rationem investigantur, sacram doctrinam per revelationem haberi. (So war also neben den philosophischen Wissenschaften, die rein auf der Forschungsarbeit der menschlichen Vernunft beruhen, eine heilige Lehre notwendig, die auf göttlicher Offenbarung gründet.)«
Die sich am Buddhismus oder Hinduismus orientierten, etwa Schopenhauer: Arthur Schopenhauer, Einleitung, über das Studium der Philosophie, in: Ders., Theorie des Erkennens, Sämtliche Werke Bd. 9, hg. v. Paul Deussen, München 1913, S. 79–109.

3. *Theorie von allem:* z. B. John D. Barrow, Theories of Everything. The Quest for Ultimate Explanation, Oxford 1991.
Die auch die Phänomene des Mentalen, Sprachlichen, Sozialen und Künstlerischen vollständig erklärt: Thales, Fr. B 3, in: Hermann Diels/Walther Kranz (Hg.), Fragmente der Vorsokratiker, 12. Aufl. Dublin/Zürich 1966, Bd. I, S. 81 f.; Demokrit, Fr. B 9, Hermann Diels/Walther Kranz (Hg.), Fragmente der Vorsokratiker, Bd. II, S. 139; Thomas Hobbes, De Corpore (1655), hg. von Karl Schumann, Paris 1999, I, 2, 8. Zur Diskussion um reduktionistische (naturalistische) Ansätze in der Philosophie vgl. Bernd Goebel (Hg.), Probleme des Naturalismus. Philosophische Beiträge, Paderborn 2005.

V. Philosophie und Skepsis

Die drei Alternativen der ontologischen, der erkenntnistheoretischen und der sprachlichen Skepsis hat bereits der Sophist und Skeptiker Gorgias formuliert, vgl. Sextus Empiricus, Adversos mathematicos VII, 65 ff., in: Hermann Diels/Walther Kranz (Hg.), Fragmente der Vorsokratiker Bd. II, Gorgias Fr. B 3, S. 279 f.

2. *Standpunkt außerhalb der Welt*: Vgl. Thomas Nagel, The View from Nowhere, New York 1986.

Ob es etwa so etwas wie eine Verifikation, eine Falsifikation oder nur eine Art von Bestätigung gibt, ist im einzelnen zweifelhaft und umstritten: Wolfgang Stegmüller, Probleme und Resultate der Wissenschaftstheorie und Analytischen Philosophie, Band II Theorie und Erfahrung, Berlin 1970. Studienausgabe Teil B, Kap. III, S. 181 ff.

3. *Vom sog. logischen Positivismus bzw. logischen Empirismus propagierten und am einflussreichsten gewordenen Version der sprachphilosophischen Skepsis*: Zu einer ersten Formulierung der logisch-empiristischen Form der sprachphilosophischen Skepsis: Ludwig Wittgenstein, Tractatus logico-philosophicus, 4.2 ff. Die hier dargestellte elaboriertere Form findet sich dann etwa bei Alfred Jules Ayer, Language, Truth and Logic, Harmondsworth 1987, S. 45 ff., 200 ff.

Diese Annahme wurde von einem Vertreter der Strömung des logischen Positivismus, Quine, als »Dogma des Empirismus« bezeichnet und einer von vielen akzeptierten Kritik unterzogen: Willard V. O. Quine, Two Dogmas of Empiricism, in: From A Logical Point of View, 2. Aufl. Cambridge 1980, S. 20–46.

Das Verifikationsprinzip hat sich als unzutreffend herausgestellt und wird deshalb mittlerweile selbst von den meisten Denkern aus dem Umkreis des logischen Empirismus nicht mehr als überzeugend angesehen: Vgl. zu den folgenden drei Argumenten: Wolfgang Stegmüller, Probleme und Resultate der Wissenschaftstheorie und Analytischen Philosophie, Band II Theorie und Erfahrung, Berlin 1970. Studienausgabe Teil B, Kap. III, 2.b, S. 193 ff.

Die Forderung, dass alle Sätze dieser Theorien sich in Aussagen über Beobachtbares übersetzen lassen, musste aber fallen gelassen werden: Wolfgang Stegmüller, Probleme und Resultate der Wissenschaftstheorie und Analytischen Philosophie, Band II Theorie und Erfahrung, Berlin 1970. Studienausgabe Teil B, Kap. III, 3.b, S. 206.

VI. Philosophische Qualität

1. Zu Kriterien wissenschaftlicher Theorien generell: Thomas Kuhn, Die Struktur wissenschaftlicher Revolutionen, 4. Aufl. Frankfurt a. M. 1979; Michael Friedman, Dynamics of Reason, Stanford 2001; Paul Hoynin-

gen-Huene, Systematicity: The Nature of Science. Philosophia, Philosophical Quarterly of Israel 36 (2008), S. 167–180.

Das heißt, soweit es Gegenstand, Ziel und Methode erlauben: Vgl. schon: Aristoteles, Nikomachische Ethik 1094b12–15, 1104a1f; Karl Popper, Vermutungen und Widerlegungen, Tübingen 1994, S. 42.

VII. Philosophische Methode

2. *Begriffe nur in Urteilen vorkommen*: Immanuel Kant, KdrV, B 94.
   In verschiedenen Variationen von Aristoteles über Descartes, Locke, Leibniz und Hume bis hin zu Kant und Hegel: Vgl. Morris Weitz, Theories of Concepts, London 1988.
   Bei traditionellen Logikern des ausgehenden 19. Jahrhunderts: Christoph Sigwart, Logik, 5., durchges. Aufl. Tübingen 1924; Benno Erdmann, Logik. Logische Elementarlehre, hg. v. Erich Becher, 3., v. Verf. umgearb. Aufl. Berlin 1923.
   Kontextprinzip: Gottlob Frege, Die Grundlagen der Arithmetik, Stuttgart 1987, Einl., § 60, 62, 106, S. 23, 92, 94, 136.
3. *Die Kompositionalität von Begriffen bedeutet, dass Gedanken, Urteile oder sonstige Begriffsverbindungen (z. B. goldener Berg) eine Funktion ihrer mit Hilfe von Regeln verbundenen Teile sind*: Vgl. Jesse J. Prinz, Furnishing the Mind, Cambridge, Mass. 2002, S. 12–14, 283 ff.; Jerry A. Fodor, Concepts. Where Cognitive Science Went Wrong, Oxford 1998, S. 25 ff.
6. *Etwa ästhetische Erkenntnis nicht*: Vgl. York H. Gunter (Hg.), Essays on Nonconceptual Content, Cambridge, Mass. 2003.
7. *System der Vernunfterkenntnis durch Begriffe*: Immanuel Kant, Kritik der Urteilskraft, erste Fassung der Einleitung, H 1 (nicht veröffentlichtes Manuskript, Rostock); vgl. auch Immanuel Kant, Kritik der reinen Vernunft, B 741, B 760, B 878.
   Forscher der Begriffe: Immanuel Kant, Kritik der reinen Vernunft, B 538 f.
10. *Definitio per genus proximum et differentiam specificam*: Aristoteles, Metaphysik Z 12, 1037b f.
    Hat schon Leibniz eingewandt: Gottfried Wilhelm Leibniz, Über die universale Synthese und Analyse oder über die Kunst des Auffindens und Beurteilens, in: Ders., Schriften zur Logik und zur philosophischen Grundlegung von Mathematik und Naturwissenschaft, Philosophische Schriften 4, hg. v. Herbert Herring, Frankfurt a. M. 1996, S. 135.
    Familienähnlichkeitsthese: Ludwig Wittgenstein, Philosophische Untersuchungen, §§ 66, 67.
11. *Janusköpfiger Begriff*: Mit Bezug auf Ausdrücke: Charles L. Stevenson, Ethics and Language, New Haven 1944.
12. *Wittgenstein scheint alle drei Annahmen zurückzuweisen*: Ludwig Wittgenstein, Philosophische Untersuchungen, §§ 67–69.

Gerade nicht durch die angeführten äußeren Merkmale des Wuchses, der Gesichtszüge, der Augenfarbe, des Gangs, des Temperaments usw.: Ludwig Wittgenstein, Philosophische Untersuchungen, § 67.
Das bekannteste Beispiel, das Wittgenstein für seine These anführt: Ludwig Wittgenstein, Philosophische Untersuchungen, § 66.

VIII. Philosophische Kategorien

1. *Abfolge von zehn solcher Kategorien sowie in der Tafel von zwölf Kategorien bei Kant*: Aristoteles, Topik 103b20–35, ders., Kategorien 1b25 ff.; Immanuel Kant, Kritik der reinen Vernunft, B 106.

IX. Philosophie, Geschichte und philosophischer Fortschritt

2. *Zweifeln viele an einem derartigen Fortschritt*: Vgl. Karl Heinz Haag, Der Fortschritt in der Philosophie, Frankfurt a. M. 1983.

X. Philosophische Subdisziplinen und Strömungen

1. *Gemäß Platons und Aristoteles' Unterscheidung betrachtungs- (gnostikos, theoretikos) und handlungsbezogener (praktikos) Erkenntnis*: Platon, Politikos, 258e4 f.; Aristoteles, Metaphysik, 993b20 f.
2. *Weil deren Präskriptionen und Evaluationen ihrerseits Deskriptionen und damit einen umfassenderen Zusammenhang voraussetzen*: Vgl. Verf., Deskription, Evaluation, Präskription, Berlin 1993.
4. *Phänomenologie*: Edmund Husserl, Ideen zu einer reinen Phänomenologie und phänomenologischen Philosophie. Buch 1 (1913), Husserliana Bd. 3, Den Haag 1950; Martin Heidegger, Sein und Zeit, Halle, Tübingen 1927; Maurice Merleau-Ponty, Phänomenologie der Wahrnehmung (1945), Berlin 1966; Jean-Paul Sartre, Das Sein und das Nichts (1943), Reinbeck 1993; Emmanuel Lévinas, Totalität und Unendlichkeit (1961), Freiburg 1987. Einen Überblick über phänomenologische Strömungen bietet Bernhard Waldenfels, Einführung in die Phänomenologie, München 2001.
Hermeneutik: Wilhelm Dilthey, Der Aufbau der geschichtlichen Welt in den Geisteswissenschaften (1910), Gesammelte Schriften Bd. 7, 7. Aufl. Stuttgart 1979; Hans-Georg Gadamer, Wahrheit und Methode (1960), Gesammelte Werke Bd. 1, Tübingen 1986. Als Begründer der modernen Hermeneutik gilt Schleiermacher, vgl. F. D. E. Schleiermacher, Hermeneutik (1838), Heidelberg 1959.
Kritische Theorie: Max Horkheimer / Theodor W. Adorno, Dialektik der Aufklärung (1944); Theodor W. Adorno, Gesammelte Schriften Bd. 3,

Frankfurt a. M. 1980; Jürgen Habermas, Strukturwandel der Öffentlichkeit, Neuwied u. a. 1962.

Transzendentalphilosophie: Immanuel Kant, Kritik der reinen Vernunft, B 25, B 80, B 90 f., und passim. Zur Entwicklung der Transzendentalphilosophie vgl. Steffen Dietzsch, Dimensionen der Transzendentalphilosophie, Berlin 1990.

Existentialismus: Sören Kierkegaard, Der Begriff Angst (1844), Werke 1, Hamburg 1991, ders., Die Krankheit zum Tode (1849), 1881; Karl Jaspers, Psychologie der Weltanschauungen (1919), 2. Aufl. München 1994, ders., Philosophie (3 Bde.) (1932), München 1994; Heidegger, Sein und Zeit; Jean-Paul Sartre, Das Sein und das Nichts; Albert Camus, Der Mythos von Sisyphos (1942), Hamburg 1999.

Analytische Philosophie: (1) *Idealsprachlich-logische Variante*: Bertrand Russell, *The Philosophy of Logical Atomism (1918/19), in: Collected Papers* vol. 8, hg. von J. G. Slater, London 1986.; Rudolf Carnap, Der logische Aufbau der Welt; Ludwig Wittgenstein, Tractatus Logico-Philosophicus; W. V. O. Quine, Word and Object, Cambridge, Mass. 1960; (2) *Normalsprachlich-pragmatische Variante*: Ludwig Wittgenstein, Philosophische Untersuchungen; Gilbert Ryle, The Concept of Mind, London 1949; John L. Austin, How to Do Things with Words, Oxford 1962, dt.: Zur Theorie der Sprechakte, Stuttgart 1972. Vgl. auch, in Anknüpfung an Austins Sprechakttheorie: John R. Searle, Speech Acts, Cambridge 1969. Vgl. zu einer neueren Gesamtdarstellung: Hans-Johann Glock, What is Analytic Philosophy?, Cambridge 2008.

XI. Philosophie als Wissenschaft, Weltanschauung, Lebenslehre

3. *Die Angewandte Ethik hat seit etwa dreißig Jahren einen Aufschwung erlebt*: Vgl. z. B. Julian Nida-Rümelin (Hg.), Angewandte Ethik. Die Bereichsethiken und ihre theoretische Fundierung, 2., aktual. Aufl. Stuttgart 2005.
   Schriften zur Selbstverständigung des Menschen als Person, zur Lebensklugheit und Lebenskunst: z. B. Holmer Steinfath, Orientierung am Guten. Praktisches Überlegen und die Konstitution von Personen, Frankfurt a. M. 2001; Wilhelm Schmid, Philosophie der Lebenskunst. Eine Grundlegung, 9. Aufl. Frankfurt a. M. 2006.

4. *Orientierungswissenschaft, weil sie auf gesellschaftliche Grundfragen Antworten geben kann und soll, insbesondere in der angewandten Ethik*: Julian Nida-Rümelin, Information Philosophie 1998/4, S. 20 ff.

5. *Hegel hat, soweit ersichtlich, als erster die These vertreten, die Philosophie sei »ihre Zeit in Gedanken erfaßt«*: Georg W. F. Hegel, Grundlinien der Philosophie des Rechts oder Naturrecht und Staatswissenschaft im Grundrisse, hg. v. Eva Moldenhauer und Karl Markus Michel, Werke Bd. 7, Frankfurt a. M. 1970, Vorrede, S. 26.

XII. Philosophische Mystizismen, Ersatzphilosophie, Medienbewertung

1. *So schreibt etwa Wittgenstein*: Ludwig Wittgenstein, Tractatus logico-philosophicus, 6.45, 6.522, 6.41.; Martin Heidegger, Sein und Zeit, § 29, S. 138.
2. *Beispiele für derartige Ersatzphilosophien*: Ernst Haeckel, Die Welträtsel (1899), Stuttgart 1984 (Nachdruck der 11., verb. Aufl. Leipzig 1919); Niklas Luhmann, Soziale Systeme. Grundriß einer allgemeinen Theorie, Frankfurt a. M. 1993.
»Sie beginnen also nicht mit einem erkenntnistheoretischen Zweifel.«: Niklas Luhmann, Soziale Systeme, Frankfurt a. M. 1993, S. 30.

XIII. Philosophie studieren

4. *Keinen Zwecken der Nützlichkeit, sondern ist frei*: Aristoteles, Metaphysik A 2 982b24–27.

Danksagung

Einige Kollegen, Mitarbeiter und Freunde haben das Manuskript gelesen und wertvolle Verbesserungen vorgeschlagen: Norbert Campagna, Stephan Fischer, Holger Gutschmidt, Lorenz Kähler, Georgios Karageorgoudis, Anna Lutz-Bachmann, Otto Neumeier, Gabor Stefan, Astrid Strack, Friederike Wapler, Martin Weichold und Regina Wenninger. Ihnen sei dafür herzlich gedankt.

Register